故事是这个世界的解药

韩松落 / 著

中信出版集团 | 北京

图书在版编目（CIP）数据

故事是这个世界的解药 / 韩松落著 . -- 北京：中信出版社，2021.3

ISBN 978-7-5217-2679-4

Ⅰ. ①故… Ⅱ. ①韩… Ⅲ. ①阅读辅导—文集 Ⅳ. ① G252.17-53

中国版本图书馆 CIP 数据核字（2021）第 010354 号

故事是这个世界的解药

著　　者：韩松落
出版发行：中信出版集团股份有限公司
（北京市朝阳区惠新东街甲 4 号富盛大厦 2 座　邮编　100029）
承 印 者：天津市仁浩印刷有限公司

开　　本：880mm × 1230mm　1/32　　印　　张：9.75　　字　　数：185 千字
版　　次：2021 年 3 月第 1 版　　印　　次：2021 年 3 月第 1 次印刷
书　　号：ISBN 978-7-5217-2679-4
定　　价：48.00 元

作者序　故事是真实的

小时候，在我刚刚领会了故事的概念时，我就确信故事都是真实的。几十年后，读过和写过很多故事之后，我再一次确认，故事是真实的。

我对“故事是真实的”的信仰，首先来自一种奇幻的念头。我深信，写作也是一种创世，写下一个故事的同时，故事中的世界就在某处真实存在了。后来，经过更复杂的世界观洗礼之后，我也更加确认这个想法，我相信，我们的世界就是某部小说/某款游戏中的世界，我们就是这部小说/游戏中的人物，但我们并没有闲着，我们也创造了另外的世界。我们写下的故事、制造的游戏，也遵循这一套创世法则，独立存在。如此这般，无穷套娃。

当然，回到我们身处的现实中，我之所以再度相信故事都是真实的，是因为故事来自真实，也必然去向真实。故事从来不是虚构的，所有的故事都必然有时代立足点，或者是现实中的，或者是情绪上的。所有的故事也必将影响真实，汇入人们的精神 DNA，成为人们真实生活的参考。

1

那么，能否给我们世界里的故事下一个更宽泛也更准确的定义呢？我觉得，故事就是一种整理世界的能力。

曾在微博上看到两位诗人讨论叶芝，其中一位说，以前的诗人有种“整理世界”的能力。对，就是“整理世界”，一种分类、看透、浓缩、发散、重塑、预知的能力，像伍尔芙说艾米莉·勃朗特：“她放眼身外，但见世界四分五裂、陷入极大混乱，自觉有力量在一部书里将它团在一起。”而且，“这种雄心大志在整个小说里处处可以感觉出来……那不仅仅是‘我爱’，‘我恨’，而是‘我们——整个人类’，‘你们——永恒的力量’。”

文学、电影，或者时尚，甚至一切一切，要的就是这种“整理世界”的能力，在混乱中看出线索，在混沌虚空之中唤出形象，在荒原上看出阡陌和城郭，在悬崖巨石上唤出佛的面貌。很多写故事的人，制造游戏的人，以及像马斯克这样创造未来的人所拥有的，都是这种能力。

为了弄清楚他们这种能力的由来，我去搜寻他们的生平故事，最终都只能看到他们表面的人生，他们的情史，他们的言论，而无法解释他们这种能力是怎样产生的，那是创作者的秘密，言语不能尽述，最犀利的侦探也无法探查，我们看到的只是结果：那些超越时代的故事。“整理世界”的能力，其实没有来由，它像一个幽灵，漂浮在人群上空，寻找合适的接收者，然后慷慨附身。

那些被我们仰望过的人们，多半有这种“整理”的意识和能力，或大或小。

赫尔曼·麦尔维尔在他的《白鲸》里整理出了一个世界，这个世界来自真实，却又经过了他的重塑，比真实世界更鲜明、更深沉，以至于让人一想起大海，就想起他描绘过的风暴、大船，墨蓝的海洋，巨大的白色动物，刺破黑夜的油灯，面无表情的男人。他甚至用他的海上世界，覆盖了我们见过的那个海，让我们在看见海的同时，也得下意识地追加上他对海的描述，他对海的认识。

洛夫克拉夫特整理出了一个让人致郁和惊恐的世界，他描摹的是那些我们不大确定的梦境，不明来由的低落和代代相传却没有线索的神秘感；费迪南德·冯·席拉赫整理出一个面无表情的、令人心寒的世界；斯蒂芬·金整理出一个诚恳细腻，但却隐藏着不安的世界。

整理世界的能力不只潜藏在内心，这种能力必然会溢出，帮助它的主人重新整理自己的形象。像苏珊·桑塔格，她在文字世界里取得进展的同时，她的形象也在进展，照片上的她起初是模糊不清的，轮廓渐渐鲜明，最后成为一个凝练的符号。这多半是她有意为之的结果，她的伴侣是摄影家，她有充足的机会，可以换个角度凝视自己，帮助她锤炼着装、眼神、姿态，最后获得那么一张有着“苏美尔人般凝视的脸”，她成为作家，同时也在照片上成了一个作家。

所以人们热衷于探讨作家和时尚的关系，一半基于某种势利，一半基于某种好奇——他或者她，有没有鲜明的自我意识？有没有能力创造出某种属于自己的形象方式？像张爱玲的改良清装，像福克纳的格子呢西装，像卡波特的派对，像安迪·沃霍尔的工厂缪斯。

不管是从自身提炼，还是拉过一个符号和自己拴在一起，他们都让自己成了一个仅凭剪影就能被人识别的形象，这是一种能力——他们有能力跳脱自身打量自己。“整理世界”的能力和整理自身的能力，经常相携前行，一种能力，投射在另一种能力上。

2

“整理世界”听起来更像是一种古代的能力，现今这种碎片世界，是不是还需要这种能力？我非常敬仰的华语电影人陈国富先生用“电影和神话”的关系回答了这个问题：

“我们必须思考电影与神话之间的关系。神话对于人的安身立命有必要的作用。20 世纪电影的发明相当于开发出一个新的神话媒材，也由于好莱坞的独大，其他文化的电影业几乎都丧失‘新编神话’的权力。美国即使在价值崩解的 20 世纪 70

年代，都有《星际大战》这样的电影来振奋人心，近十年来一次又一次的系列电影就更别说了。我们呢？我们多久没有看过振奋人心的华语片了？”

在陈国富先生看来，这种神话是一种精神共同体、一种仪式，将人和人凝聚起来，现代人得在这种精神共同体里，找到自己生存的位置。所以，创作者要经常思考，自己的创作是否能成为这种精神共同体的一部分，帮助人们建立联系。

从这个意义上来讲，很多综艺节目，例如《中国好声音》，也是一次成功的整理，它和以往的选秀节目不大一样，“好声音”的高度和秘密，就在于“重塑”。从硬件上“重塑”，从软件上重塑，重塑导师的权威，重塑他们的性格；“好声音 er”的形象也经过冲去，他们的特点被重塑，他们的技艺被重塑了——是不是真有那么好并不重要，重要的是在此时此刻，环境和细节都提供了强大的说服力。被重塑的双方还有热烈的互动，导师之间还有争夺，观众还起立鼓掌，全场被一种欢欣鼓舞的气氛笼罩，他们的角色强度又被再次强化。这是一次催眠术的成功应用，所有的细节都像螺旋，热情地在观众面前旋转，观众不可能不入戏。

一期节目拍八个小时，剪出两个小时，所有这些，都是整理。我们过去轻视娱乐，并不以为它需要整理，现在或许渐渐明白，电影或者电视，都是泛文学的，同样有整理的必要，甚至它会渐渐取代（或者涵盖）我们在文字、美术、音乐世界里的整理。

还是需要整理，需要从浓雾里面找到线索，那些经过整理的文化成果，始终会是人类的精神依附。

3

好了，整理世界的能力指向“泛故事”、“泛文学”，我们不如抛开这种定义，把它窄化一下，让故事仅仅意味着故事，来看看它的特点。

故事是整理世界的结果，它必然有时代立足点，哪怕最荒谬破烂的故事，也有荒谬的立足点。

所有的故事，都有强烈的时代因素在背后支撑，与时代发展、两性博弈、女性解放程度、心理学的最新成果都紧密相关——《魂断蓝桥》获得成功，是因为它反映女性在战争年代被迫走出家门的无奈；琼瑶言情片获得成功，是因为台湾经济起飞，出现一批拥有闲暇时间和零用钱的女工和女学生；《克莱默夫妇》获得成功，是因为嬉皮年代过去后，回归“正途”的那批人开始遭遇家庭和事业的危机；《泰坦尼克号》获得成功，是因为它把人放到了一个次要的位置上——CG 技术才是主角，更像现实中人的处境。它们之所以一呼百应，获得商业上的成功，首先是应和了时代，富含话题性，因此引起广泛共鸣。

只要是踏踏实实生活在某个具体时代的人，故事的节奏、气息、性格、色彩，绝不会没来历。一举一动都有时代的重量，裙子高了一寸，胸口低了一厘，都有时代在背后撑腰；即便是怪力乱神，哪怕是古代故事，也都要反映时代感受，古装故事必须是穿古装的现代故事，古装故事中人必须是穿裙戴钗的现代人。

所以，常常有故事招来抄袭质疑，但这么多年的阅读、观影和写作之后，我的确发现，“故事”也和时尚一样，不是创作者的独得之秘，而是整个社会科技、心理学、哲学和文艺创作联动的结果，在一种故事出现之前，一定有过悠长的准备期，得有各种学科的心得为它做好铺垫，并由一大批文艺作品进行小规模实验。

《黑客帝国》《红辣椒》和《盗梦空间》就建立在物理学、心理学、哲学最新发现的基础上，在很多电影里都找得到它们的影子，尽管那些想法不成气候，却在慢慢酝酿，最终促成了菲利普·K. 迪克的小说和《盗梦空间》之类电影的出现，并且给它们提供了得到理解的环境。这种酝酿一旦完成，那些敏感的创作者都会有所感应，这就有了风潮，随着突如其来的爆发，而后被更多人效仿、完善，直至变成成熟的叙事套路。

2010 年前后，又有一种故事成了风潮，这就是“恐怖游轮”故事。这个说法来自英国编剧及导演克里斯托弗·史密斯编剧并执导的电影《恐怖游轮》，讲述的是一种恐怖的人生处境：生活无限循环周而复始，而每一个循环都和上一次没有什么两样。

但它并非全无来由，它只是这套叙事模式的一个中转站，在它之前，远一点有西西弗斯神话，近一点有《猛鬼街》《土拨鼠之日》《蝴蝶效应》《毛骨悚然》，这些电影里都已经零零碎碎地出现了《恐怖游轮》的叙事元素。它更直接的效仿对象则是 2008 年的西班牙电影《时空罪恶》。和《恐怖游轮》同期出现的类似故事还有美国的《黑暗乡村》、澳大利亚的《公路列车》，2013 年年初上映的电影《迪亚特洛夫事件》，也可以看作这个故事类型的最新成就。就是说，一个人能想到的，一个时代里的很多人，也都能不约而同地想到。一个时代里很多人想到的，一个人也能想到，哪怕他再与世隔绝，也总会有片段的信息流转到身边。

类型小说更是相似故事的重灾区。读黄禄善先生的《美国通俗小说史》可以发现，几百年间的美国通俗小说历史几乎就是一部“山寨”史，从引诱小说、言情小说、西部小说、哥特小说到社会暴露小说、恐怖小说，都各有各的路数，情节框架现成，人物形象约定俗成，每个故事都和已有的故事并无两样，作者需要做的，只是变换地理环境风俗细节人物心理活动，六十年里写了九十部言情小说的作家，来来去去写的都是灰姑娘与富少爷的故事，并且始终畅销。有人写了几部畅销书，就开始妄自尊大，试图有所逾越，模糊掉类型小说的特征，再改造改造套路，立刻遭遇市场的当头棒喝，不得不乖乖地回来，继续写那些再也错不了的故事。

何况，文化和任何资源一样也必须循环再用，因为我们的世界已经翻不出什么新花样了，故事已经讲完了，如《圣经》里的《传道书》所说：“已有的事，后必再有；已行的事，后必再行。日光之下，并无新事。岂有一件事人能指着说：‘这是新的’？”江月代代重临，江花年年映着晚红，三两场相似的战争，七八个觊觎世界的狂人，来来去去那点悲欢，忙忙碌碌这些离合，苦苦积攒下的人世的经验，像失传的手艺，隔三差五还要重温。

那些相似的故事，到底是抄袭，还是对某一种叙事风潮的共振？是抄袭，还是故事元素的循环再用？信息格外发达的时代，我们的一念一想其实都是时代结出的果实，没有谁能独立隔绝，不被感染也不受侵扰。

而这，正是故事来自真实的证据。

4

故事也必将去向真实，影响真实，指导真实，甚至成为真实。

2012 年 7 月 20 日，当时《黑暗骑士崛起》在丹佛市郊的奥罗拉（这是事件的实际发生地，用丹佛冠名考虑的是城市知名度）世纪戏院放映了 30 分钟，詹姆斯·霍姆斯身穿黑衣、头戴防毒面具，闯进电影院，先投烟幕弹，随后向观众扫射。“许多人以为枪声是电影的一部分。”幸存者在丹佛影院枪击案发生后这样描述自己的感受。

詹姆斯·霍姆斯选择了电影院这样一个场所，选择这样一部电影，并在进场前悉心装扮，给自己染上红发，是为了嵌入这部电影之中，从此成为这部电影不可分割的部分。他意在掠夺“蝙蝠侠”系列电影的成果，此前的，甚至此后的。他的野蛮屠杀一旦被赋予了电影背景，立刻拥有了另一种样貌。他也知道媒体会怎样报道他，他既然能把自己租住的公寓变成一座弹药库，装上精密设计的炸弹，他也会同样深思熟虑地想到媒体的反应。他是按照电影、媒体的所有因素，来设计自己的行为，他在和它们进行互文。

“出了电影院，整个国家都像是电影，这是美国最迷人的魅力所在，你所穿越的沙漠像是西部片的布景，都市像是一个符号和程式的屏幕。”让·波德里亚在《美国》一书中说。其实不只美国，只是美国的表现更强烈，此刻，整个世界电影（或者媒体、网络、游戏）和现实的界限越来越模糊了，分不清现实和虚拟的人也越来越多，因为二者越来越难以分辨。我们生活在一个庞大的片场，一举一动都在仿拟影像，做出决定前参照媒体报道，仿拟和参照，就是一种被监控。

我们也已经习惯用故事的方式去理解周围的人和事，“像电影 / 小说”减轻了理解的难度，而电影 / 小说也提供了一个模板，让我们方便讨论那些有政治禁忌或者伦理禁忌的人和事，引起更大范围关注。

从古至今能出头的人，个个都是故事大王，都有被人记住的“点”，忠臣在背上刻字，区别于众多面目不清的好汉，妃子得是香的，才能青史留名。即便现今，我们仍然如饥似渴地需要各种故事，很多社会事件的主人公，在事发后面对公众的讲述也得考虑“故事”元素。他们要偏离正题，着重讲述他们的人生沉浮、情爱纠葛和家庭矛盾引发的悲剧，加上围观群众的补充、议论，一部属于我们这个时代的个人生活史、家庭生活史就跃然眼前。

他们的个性和表达能力，使得当事人的性格呈现得非常鲜明，对话精当而意在言外，让许多编剧都自愧不如，“像美剧”、“《社交网络》里的对白都被比下去了”之类的感叹不绝于耳。尤其是他们的情爱悲剧，让围观群众唏嘘感叹，女人们慨叹女性命运的跌宕，心理学家探讨家庭成员和谐相处之道，总之，每个人都各取所需。

事情为什么会变成这样？那样的事件为什么会被解释为爱情或家庭悲剧？显然，重点不在于发生了什么，而在于如何讲述，以及人们会不会接受这种讲述。

就像《少年 Pi 的奇幻漂流》里的现实，非常残忍，简直无法直视，但当事人又必须要完成讲述，于是索性创造出一个故事，有猩猩和斑马的故事，来覆盖现实。对于已经创建起了“讲故事”这种文化手段的人类来说，“不够故事”比“不是真相”更难以忍受。如果想让一件事被人接受，一定得“够故事”，最好的办法，莫过于仿效影视规律，组织一个“像电影（电视剧）”的故事。

法国哲学家埃德加·莫兰在他的《时代精神》里对此有过论述，他认为，大众文化对人们的行为和心理状态产生了影响，也正是这种影响才把人们变成了现代人。

故事是我们这个世界的微尘，它是从真实的土壤中扬起来的，一旦重新落下来，却有了别样的意义，我们就生活在这些尘土里。现实的真实感和文字、影像、媒体制造的真实感，如同相互压跷跷板，一个亦真亦幻的时代，其实已经到来。

5

故事还是什么？

丹麦诗人毕尔特·安巴克写过一首诗，题为《讲故事的时间》：

讲故事的时间／尚未到来／消散的必定要被聚拢／灵敏的耳朵要找到／草儿变绿／蛋儿生下／小鸟孵出／玫瑰开放／苹果成熟／树叶飘落／风暴平息／冰霜降临／星星闪烁／月光暗淡／猫头鹰尖叫／早晨到来／医生被请到／枕头弄平／手指交叉／眼睛合上／草儿变绿

读着这首诗，想起两个影像作品。

一个是《十分钟年华老去》，集合了十五个电影大师，拍了十五部短片，每部十分钟，展示电影人们对“时间”的理解。

另一个是德国乐队ENIGMA在1993年推出的歌曲《返璞归真》（*Return to Innocence*）的MV。在MV的开头，一个老人在梨树上摘下了成熟的果实，凝视片刻，随即倒在树下死去。就在他死去的瞬间，时间开始倒流，掉在树下的果子又跃上枝头，象征时间的独角兽开始倒退，海浪退回，烟雾重新回到吸烟者的嘴里，骑自行车的人在海边倒着行走，老人变回中年，变回在谷仓里和爱人嬉戏的青年，变回孩童，孩子也在开篇的那棵梨树下摘果子，之后变回初生的婴儿。

时间是什么？时间可能什么也不是，时间可能根本不存在，或者说，即便存在，也因为它在茫茫宇宙间的所有存在里，极为渺小极为短暂，因此如同不存在。

时间只是我们为自己找到的一种信念、一种刻度。我们非要有这样的信念不可：时间会过去，痛苦会消逝，幸福会被记住，我们会在时间里找到自己的位置，留下自己的痕迹。

这首诗里有时间的线索，有生命的痕迹。从生到死的整个过程，从荣到衰的全部流程，都被浓缩在了这首诗里。草绿了，蛋生出来了，小鸟出壳，玫瑰开了，苹果成熟了，然后树叶落了，风暴平息，冬天来了，星月暗淡，早晨来临的时候，生命逝去了，但那个死去的人躺过的床，很快就被整理好了，枕头被抚平，而手指交叉，分明是遗体的摆放姿势。但即便这样，季节依然在循环往复，草很快又绿了。

时间没有意义，是我们自我的信念，生命没有意义，是我们自创的痕迹，此时此刻，这信念还在熠熠生辉。

而故事，就是我们最重要的方法论。

目录

第一章 被生活的迷雾笼罩的，让故事为你揭开

第二章　话语太沉重，我只能用故事告诉你

第 三 章

被现实粉碎的，由故事来疗愈

第一章

被生活的迷雾笼罩的，让故事为你揭开

《刀锋》

没有哪种方案，
可以解决生活的全部问题

想象这本书是一座衰败残破的游乐场，中心有一个闪烁着彩灯的崭新的超大型旋转木马，旋转木马上坐着有六个形象各异的人。这六个人的生活看似彼此相连，实际上他们面临的困境却是截然不同的。

无论从西方文学还是世界文学的角度来看，毛姆都是一个必须要被提到的写作者。

毛姆的人生经历非常丰富。他从事过的职业包括会计、妇产科医生、战地急救员、救护车司机；他生活过的地方包括欧洲、北美、印度、北非、中国、拉丁美洲以及南太平洋；而他在文学领域旺盛的创作力和取得的成就，更是让所有作家眼红：毛姆一生中共写了一百多篇短篇小说、二十部长篇小说、三十部剧本，此外还有各种游记、回忆录、文艺评论等出版物。

除此之外，毛姆也是极少数在有生之年就大获成功，得到大众追捧和丰厚物质回报的作家，他住在有游泳池的别墅里，拥有配备专职司机的豪华轿车，出没于西方上流社会，享受着奢侈的生活。

然而，当我们抛开所有这些标签和光环，回归到毛姆的作品来看时，就会发现他之所以能够在全世界大受欢迎是有原因的。毛姆的成功，当然不是因为他的名字短、好记，而是因为他的作品好读，他的文字简洁自然，他的故事引人入胜。

最重要的，是他作品中所蕴含的文学价值，对人的关注和洞悉，跨越了时空的维度，触及他那个时代以及现代的人们精神世界里最敏感、最核心的部分。如果非要用一句比较抽象的话来概括毛姆小说的主题，那就是：人类是如何生活的？

《刀锋》就是一部描述生活的小说。书名看似锐利，实际上表现的是再朴实不过的生活本身。更进一步说，毛姆在这本小说中呈现的，是人类如何面对“生活困境”的故事。正如这本小说的题记里写到的一句话：一把刀的锋刃很不容易越过；因此智者说得救之道是困难的。

在小说的开头，毛姆展开故事的方式非常独特，他明确告诉我们，他把自己的现实生活中的朋友作为这部作品中人物的原型，把事实和虚构相互交织。在故事中，作者既是“观众”又是“演员”，而且直接使用了自己的真实姓名：毛姆。这是毛姆的写作方法，就像他曾经说的，这些人的生活“不是道听途说就可以了解的，你非得和那些人生活过”，要了解这些人，你就得“成为”这些人，和他们生活在一起。

事实也正是如此。小说中的故事集中在 20 世纪 20 年代到 30 年代，也就是“一战”结束，“二战”开始之前的这段时间，是作者毛姆亲历的时代；故事发生的地点，主要集中在法国和美国，也正是作者这个时期生活的地方。《刀锋》写作于 1940 年前后，作者毛姆正是把他过去十年里所接触到和经历过的人和事，通过小说呈现给了我们。

小说的主要故事情节，围绕着六个人物依次展开，带出这六个人物故事的，正是本书的叙述者，也就是毛姆本人。

让我们先来想象这样一个场景：一个衰败残破的大型游乐场，虽然破旧但依然华丽，依然人头攒动，维持着必要的运转。我们可以将这个游乐场看作是当时的西方世界，它是经历了人类历史上第一次惨绝人寰的大规模现代战争后建立起来的精神乐园。

游乐场的中心有一个闪烁着彩灯的崭新的超大型旋转木马，这个吸引着众多游客的全新的游乐设施，我们可以把它看作美国。它代表着一个新的开始，一个西方文明最有力的继承者，最有潜力的新兴工业国家。旋转木马上坐着六个形象各异的人，分别是本书的六个主要角色。

第一个人叫艾略特，他年近六旬，却依旧风度翩翩、衣着华丽、精神饱满。艾略特与毛姆相识已有十五年之久，他是一个精明的商人，依靠自己的努力发家致富，积累了一笔相当可观的财富。除了赚钱，艾略特最大的爱好就是交际，尤其是和上流社会的各色人物打交道，各种宴会都不会少了他。他虽然爱慕虚荣，却对自己的家人非常慷慨，尤其是外甥女伊莎贝尔；他虽然在物质上是个极端务实的人，却诚心诚意地信仰天主教。

第二个人是伊莎贝尔，一个家境优越、相貌姣好的十七岁妙龄女孩，她是艾略特的外甥女，有着她这个年龄段的女孩共有的特征：喜欢漂亮的衣服和首饰，喜欢参加各种舞会和社交，想要拥有一所装修很有品位的房子，最重要的是，她渴望一段热烈、美好、浪漫的爱情。在故事中，伊莎贝尔终其一生深深爱着的男人只有一个，复员军人拉里。

第三个人是拉里，这是个不到二十岁的英俊少年，他的父母在他年幼的时候就早早过世了，由父亲的一位老同学抚养长大。拉里在“一战”时成了一名飞行员，在战斗中目睹亲密战友的死亡，因此对人生感到迷惘，不明白这世界上为什么会有恶与不幸。战争结束后，拉里既不愿意工作，也不愿意进大学读书，而是沉浸在自己的世界里，想要通过自己的方式来探求人生的意义。他甚至抛下了深爱着自己的未婚妻伊莎贝尔，从美国去了巴黎，之后又开始周游世界，最终在印度得到了生命的顿悟，返回了美国。

第四个人是格雷，他的年纪与伊莎贝尔和拉里差不多，是美国一个财力雄厚的企业家的儿子。格雷和拉里的性格形成了鲜明的对比，他是一个对事业充满热情的青年，认为人的一生只有通过努力工作和财富积累，才能实现人生价值。而他这种务实的性格，恰好可以给伊莎贝尔带来幸福和安全感，这也是她最终选择嫁给了格雷的原因。

第五个人是苏珊，她是一个没有固定职业的女模特，在法国一群年轻的艺术家圈子里来去自如，也因此结识了毛姆和拉里。在本书中，苏珊无疑是一个相当特立独行的人物，她可以快速而热烈地爱上一个男人，也可以毫不留恋地离他而去。她不断徘徊在一个又一个男人之间，对她来说，和这些男人的交往到底是为了获得物质保障还是情感寄托，并不是一个问题。即使被人抛弃，苏珊也能做到绝不拖泥带水，而是果断离开，寻找下一个目标。

第六个人是索菲，这个女人原本是伊莎贝尔的同学，来到美国后组建了自己幸福的三口之家。不幸的是，在一场惨烈的车祸中，她失去了自己的丈夫和儿子。生活遭到重创的索菲从此一蹶不振，来到巴黎过着堕落的生活，一天到晚在酒吧里喝得烂醉，每天都被不同的男人带回家。

坐在旋转木马上的这六个人，是毛姆从自己的生活圈子里提取出的，在他看来最具代表性、最能体现时代特点的一组人物。这些人是他的朋友，是和他一起经历生活的人，也是面对着种种生活困境的人。那么作者毛姆本人的位置在哪里呢？他在故事中扮演的是什么样的角色呢？

实际上，在《刀锋》这部小说中，毛姆虽然是故事的叙述者，但他似乎刻意弱化了自己的存在感。他没有骑在旋转木马上和众人一起游乐，而是静静地站在一旁。更多的时候，他扮演的是一个观察者和倾听者的角色，他对这些人物的感情是复杂和暧昧的，既有批判和嘲讽，也有理解和包容，当然也有明显不同的情感偏向。这六个人的生活看似彼此相连，实际上他们面临的困境却是截然不同的。

艾略特面临的是身份困境——他挤破头往上流阶层的圈子里钻，竭尽全力攀附贵族荣誉，去寻求一个已日渐消亡的虚名；当艾略特重病缠身，直至生命的最后一刻，他心心念念的仍旧是自己是否收到了社交舞会的邀请函。

也许在我们现代人眼里，对生活抱有如此追求的人显得有些可怜甚至可笑，但仔细想来，在原有社会体系发生大变革的时代下，这种生活方式对于一个人寻求安全感和存在感，乃至获得人生价值来说，也许是合情合理的方式。当新的身份和价值体系没有建立起来的时候，回到旧有的时代和历史中去寻求资源，也许是每个人的本能。

伊莎贝尔面临的是情感困境——没有什么生活负担的她，原本对未来的生活充满了乐观的期待和向往。她的年轻、美貌，她开朗的性格，都是令人羡慕的人生资本；她深爱着的飞行员拉里也是众多女孩心仪的对象，为国抗战的战斗英雄。她原本以为生活会朝着她预想的方向稳步发展，却没想到拉里在经历了战争之后，已经不是从前的那个人了，更没想到他会为了追求精神世界而舍弃爱情，甚至连上大学和找工作这两样在普通人看来必须完成的人生必修课，他也变得毫无兴趣。

伊莎贝尔最终选择嫁给富家子弟格雷，绝对不是因为她薄情——相反，她真正爱着的人从始至终都只有拉里——而是因为她没法放弃作为一个正常女人再正常不过的基本需求：一个能为自己提供物质保障的男人，一段稳定圆满的家庭生活。

拉里面临的是精神困境——他是一心想探求人生终极目标和精神归宿的探索者。对他来说，名和利，爱情和亲情，家庭和事业，这些在我们看来理应去用心追求、努力经营的人生大事，都不是人类真正的安身立命之道。拉里是最早主动离开旋转木马的人，他对这个游乐场的其他地方充满好奇，甚至想知道游乐场以外的人们是怎么生活的。他不仅仅想要去了解，更要用自己的生命去实践另一种生活。

在故事中，毛姆用整整一章的篇幅记述他和拉里的一次对话，拉里为他详细讲述了自己离开美国后的生活和思想变化，以拉里为代表，向我们展现了西方整整一代知识分子探索人生意义的心路历程。而拉里所面临的精神困境，也正是作者毛姆想要探讨和表现的核心话题。

格雷面临的是经济困境——他原是富家子弟，如果能沿着父辈打好的经济基础一路上升，本可以获得巨大的成功和财富，但突如其来的经济大萧条让他家破人亡，从此一蹶不振。虽然有伊莎贝尔的不离不弃，但格雷在很长时间内都没法完全恢复到以前的心理状态，身体状况也因此一落千丈。

在格雷这个人物身上，毛姆实际上想要表达的是金钱对于人的重要性，以及贫穷对生活的重大影响。毛姆自己曾说，对一个人来讲，“金钱就像第六感，没了它你就没法最好地发挥其他五感。”而贫穷则可能扭曲一个人的善良。

索菲面临的是生命困境——她是伊莎贝尔和拉里的童年伙伴，却由于无法承受丧亲之痛而自我放逐，过着堕落的生活。她本可以在拉里的挽救下戒除酒瘾，回归正常生活的轨迹，然而自己没能禁得住酒精的诱惑，最终死于非命。

虽然伊莎贝尔和拉里都是索菲的朋友，但对于她的堕落，两人却表现出截然不同的态度。伊莎贝尔认为索菲已经是一摊扶不上墙的烂泥了，她的悲惨状况是由她自己一手造成的，根本不值得同情。而在拉里看来，索菲的遭遇让他深受触动，他相信自己能够通过某种途径让她重新振作起来，并把这当作他的一种精神使命。

在所有这些人当中，真正摆脱困境，实现生活自由的人似乎只有一个——苏珊。虽然在故事中对她的描写和叙述只占了很少的篇幅，但相比于其他人来说，她的生活和精神状态是最轻松的。上面提到的那些困境给人带来的困扰和羁绊，似乎都被她一一化解了。苏珊没有稳定的感情，也没有稳定的工作，但她依然来去自如。同时她也是幸运的，最终嫁给了一个有钱的商人，有了稳定的生活保障，还能追求自己喜欢做的事情。

当然，毛姆对这六个人物是有明显情感偏向的。但毛姆对他们各自选择的生活方式给予了足够的尊重和包容，对于他们各自遇到的生活困境也给予了充分的理解和同情。爱慕虚荣的艾略特，贪恋物质生活的伊莎贝尔，头脑简单的格雷，他们是受困于世俗生活而不自知者的代表。他们的生活追求无可厚非，但他们的生活困境也无法避免。与此对应的是上下求索的拉里，堕落的索菲，放纵不羁的苏珊，他们三人是或主动或被动地被生活的旋涡甩到边缘的人。

六个人的现实身份和精神身份都被刻画得非常精准，由此也带出了那个时代的精神面貌。本书译者周煦良先生说："小说不是历史，不需要反映一个时代的全貌，但它反映的那一部分，特别是其中的人物，必须给人以真实感，不能只是影子。……《刀锋》的可贵之处，就在于为我们提供了两次世界大战之间那个时期的一个人物画廊。"

毛姆在1938年出版的自传体作品《总结》中写道：

> 我一直热切追求的人生经验向我表明，小说家撷取两三个或一群人，描写他们精神的或者非精神的历险，就好像世上没有其他人存在，没有其他事发生，这种方法反映的现实图景非常片面。我自己就生活在彼此没有联系的几个圈子里，我想如果有人能同时经营在一定的时期、不同的圈子里发生的同等重要的各种故事，那就可以给出一幅更真实的生活图景。

可以看出，《刀锋》这部作品正是毛姆对这种写作态度的完整诠释。在现实生活中，像伊莎贝尔和格雷这样的富家小姐和公子哥，与苏珊这种过着嬉皮士生活的人完全是处在两个生活圈子，处在完全不同社会阶层的人，但毛姆将这两种截然不同的人物的生活状态并列在我们面前，就像一家餐厅同时端出了一把烤串儿和一盘米其林餐点。

毛姆的用意正在于此。写作《刀锋》的时候毛姆已经七十多岁了，当岁月把他磨砺成一位坦然、睿智的老人，他可以从容地告诉自己的读者（尤其是年轻的读者），既定的生活方式和人生追求都是不存在的，生活的困境无处不在，没有任何一种权威的思想体系和哲学观念能指导人类遇到的所有问题。

毛姆是个聪明的作家，他不会用说教的、政治的方式去呈现主流历史叙事，而是把那个平静中潜伏着动荡、进步中蕴含着保守的时代进程，回归到一个个具体的人身上，去书写生活变动对人的具体影响，以及这些人的回应和反馈。

在我看来，毛姆写作《刀锋》的另一个原因，源于他作为一个作家，对自己身处的世界和时代已经积累了足够的观察和感知，这些纷繁复杂的认知凝聚在一起，形成了强烈的自我表达欲望。很多人认为《刀锋》这部小说的主角是拉里，甚至毛姆自己也承认他写作这部小说是为了“追叙我过去认识的一个人”，但读完整篇故事我们就会发觉，毛姆在书里也输出了他自己的价值观以及对生活的理解。

我们不能否认书中的人物都有各自的现实原型，但这些人和毛姆的差异都太大了，甚至在思想和精神层面最接近他的拉里，在生活路径的选择上也和毛姆截然不同。实际上，毛姆把他对这些人的了解内化到自己的思想体系里：在毛姆的文学土地上，这些人提供的是一颗形象的种子，以及一层充满故事细节的肥沃土层。

在此之上，毛姆用自己的文学天赋、生活经历以及对人性的认知进行建造。《刀锋》不是一片精心耕种的麦田，而是一座藏满了奇花异草的原始森林。人性丰富和生活的多样性，是毛姆在生命已经迈向最后阶段的这一时刻，最想向世人展现的东西。

1938 年，第二次世界大战刚刚爆发的时候，毛姆停止了他的旅行和对世界的探索，于是他写道：

> 在与所有这些陌生人的接触中，我失去了自己作为口袋中一块石头的光滑，这光滑是文人乏味的生活所磨制的。我恢复了自己的棱角。我最终又成了自己。……我已经抛弃了文化的傲慢。我的状态是全然的接受。我向人要求的不比他能给的更多。我学会了容忍。我因他们的良善而高兴，但我不为他们的恶行而沮丧。我已经得到了精神的独立。我已经学会了走自己的路，而不去考虑别人怎么想。我为自己要求自由，也准备好给予别人自由。

几年后，当身在美国的毛姆完成《刀锋》这本小说，他无疑再次用自己最擅长的方式来表达了这种生活观念。

1944 年《刀锋》出版后，美国最有影响力的评论家埃德蒙·威尔逊在《纽约客》杂志上撰写了一篇长文，专门评论《刀锋》，认为它不堪一读，毛姆的名声被荒唐地高估了，“只不过是个二流货”。很明显，在标榜严肃文学的西方，“毛姆的作品既不够沉重，又太过成功畅销”。在很长一段时间内，他甚至受到很多当时文学界人士的无情批评和排挤。

虽然毛姆很在意批评界对他的评价，但他并没有受到太多影响。一方面是因为毛姆顺从的性格，他甚至自嘲是“二流作家里最靠前的”，而且并没有对自己的作品被评价为“不够严肃”这件事所困扰，因为在毛姆看来，宁愿一个作家很世俗，也不希望他矫揉造作，“因为生活就是世俗的，作家追求的就是生活”。另一方面，虽然文学评论家对毛姆多有批评，但市场却给了他最大的鼓励和认可。

《刀锋》在大西洋两岸的读者中都获得不少好评，刚刚上市两个星期就卖了将近一百万册，电影版权也以二十万美元的价格售出，根据小说改编的电影入围了第十九届奥斯卡最佳影片等多项提名。直到今天，在毛姆离世五十多年后，他作品的热度也依然没有减退的迹象，仅仅在中国，从 1982 年开始，《刀锋》就相继出版了将近三十个版本。

在毛姆那么多的人生标签当中，如果要选择一个最适合的词来形容他的一生，我想这个词就是“自由”，毛姆有幸生在一个能让自己获得自由的时代，物质上的自由，生活上的自由，爱情上的自由，行动上的自由，以及最重要的，精神上的自由。因为对他而言，生活是一出悲剧，他通过创造的天赋去消除缺憾和恐惧，亚里士多德告诉我们，这就是艺术的目的。就像他在《总结》中写道：

> 因为他的罪恶和荒唐、临到他身上的愁苦、他那未得响应的恋爱、他身体上的缺陷、病痛、贫困、他放弃了的希望、他的悲伤、耻辱，这一切经由他的力量都转化为他的素材，并且通过写出来，他也就克服了这一切。所有的事他都能加以利用，从对路人颜面的一瞥到震惊文明世界的战争，从一朵玫瑰的香味到一位朋友的离世。临到他身上的，他无不能变为一个诗节，一首歌曲，或者一段故事，并且当他写下来之后，这些事于他也无干了。艺术家是唯一的自由之人。

《面纱》

在通往灵魂自由的路上

新娘的面纱本应是美好的祝福，却遮蔽了她的双眼，也覆盖了她的灵魂，甚至成为了将对方拖入生活残酷困境的道具。而修女的面纱也没有让她对尘世的苦难视而不见，她绝不能因为一点情感创伤就自暴自弃、自甘堕落。

很多人接触毛姆的作品，是从他的《月亮和六便士》《人性的枷锁》以及《刀锋》这几部比较知名的作品开始的。毛姆故事里的主人公，通常都有一个生活原型，比如《月亮和六便士》就是以法国著名印象派画家保罗·高更为原型；《人性的枷锁》是以毛姆本人为原型的一部自传性质的小说；《刀锋》则是以奥地利哲学家维特根斯坦为原型的。

这些有特性的人物，是毛姆很多作品的灵感来源。

《面纱》在毛姆的作品中比较特殊。这部小说也许没前面提到的几部作品那样出名，但它的特殊之处和重要性在于，这是毛姆唯一一本不是以“原型人物”为发端的小说。用毛姆自己的话来说，“这是我唯一一部起于故事，而非发于人物的小说。”这本书里的人物，都是为一个早已成形的故事量身定做的。

《面纱》是毛姆在1920年前后，亲身游历中国之后写作的，全书以中国为背景，带有很多中国元素，体现了毛姆作为一个

“亲中派”英国作家对当时中国的社会观感。2006年，根据这部小说改编的同名电影也在中国正式公映过。

在毛姆的写作生涯中，《面纱》是仅有的以“爱情”为主题的长篇小说，充分表现了他对爱情、女性、婚姻、亲密关系这些话题的理解和认知。在这本小说出版的1925年，毛姆已经五十岁了。这位被文艺青年们称为“毛姆叔叔”的小说家，在这样一个知天命的年纪时，是如何看待亲密关系，如何描写婚姻生活，如何表现那一代人的爱情的？

小说开篇的题记里，毛姆引用了英国浪漫主义诗人雪莱的一首诗篇的开头，诗的名字叫作《别揭开这五彩面纱》：“别揭开这五彩面纱，芸芸众生都管它，叫生活……”

为什么作者要用“面纱”这个词作为小说的开端，还把它用作了书名呢？原因在于，“面纱”是整篇故事中一个贯穿始终的意象，同时也是一个重要的象征。

在英文里，面纱（veil）这个单词有三层含义。它最直接的意思通常是指女性使用的面罩，或者是新娘佩戴的半透明面纱。借由这层含义，我们可以猜到作者毛姆的意图：《面纱》是一个关于女性的故事，这位女性成了新娘，从而引申出一段关于爱情和婚姻的情节。

但故事一开始，我们就发现这段婚姻已经出现了重大的破裂，婚姻关系的天平已经严重失去平衡了。站在天平一端的，是故事的女主角凯蒂。

凯蒂是个天生的美人胚子，她出生于一个典型的英国中产阶级家庭，父亲是律师，后来担任了皇室的大法官。凯蒂的母亲是一个非常刻薄的女人，她不仅对凯蒂的父亲心有不满，觉得他虽然担任了法官，却没能继续步步高升，进入英国政坛，还对凯蒂的生活处处设限，凯蒂虽然在社交圈里很受欢迎，周围从来不缺条件优越的追求者，但她依然对凯蒂未来的婚姻生活感到担心。凯蒂生性单纯，却爱慕虚荣；她渴望爱情，但总觉得年轻是自己最大的资本，因此可以肆意挥霍；她周旋在各种社交场合，但从来没有用心经营过任何一段感情。

凯蒂挥洒青春的日子过了几年之后，“危机”来临了。凯蒂的一个比自己小好几岁的妹妹也找到了一个门当户对的如意郎君，即将嫁人。凯蒂的母亲终于忍无可忍，放出狠话，逼迫凯蒂一定要尽快嫁人，否则家里不会再继续养着她这个“大龄剩女”了。

事到临头，凯蒂才忽然意识到了自己真正的处境。母亲的逼婚和压抑的家庭环境让她难以呼吸。社交场合里不断涌现出新的美貌面孔，以前那些整天围着她转的追求者已经转移了目标，甚至连条件比自己差的妹妹也要先自己一步嫁人，种种焦虑感涌上心头。在压力之下，人们更倾向于做出错误的判断和盲目的选择，更何况是感情和婚姻这种复杂的人生大事。这时候，将要踏上天平另一端的人出现了。

在当年凯蒂的众多追求者之中，有一个默默无闻的年轻人，他的名字叫瓦尔特。瓦尔特是一名医科专业的学生，后来成了一位资深的细菌学家。他虽然长相不差，但缺乏自信，而且性格孤僻，不善言谈。英国人那种保守和理性的性格特征，在瓦尔特身上尤其明显。在凯蒂的众多追求者之中，瓦尔特虽然做过一些努力，但从没有真正引起过凯蒂的注意。然而，这个有点木讷的男人最终成为了凯蒂的丈夫。瓦尔特一直都深爱凯蒂，美丽大方、热情开朗、喜欢交际的凯蒂拥有一切他性格特征里所缺少的东西。最终，瓦尔特以一种坚持不懈，近乎执着的方式，成功追求到了凯蒂。

但他不知道凯蒂愿意嫁给他的真正原因并不是爱情。凯蒂匆匆步入婚姻的真正原因，更多的是出于一种要“解决自己单身问题”的实际性考虑。

换个角度来看，瓦尔特选择凯蒂作为自己的人生伴侣，显然也是缺少深思熟虑的，他只看到了凯蒂外在的魅力和闪光点，没有意识到两人之间巨大的性格鸿沟可能带来的种种隐患。按理来说，瓦尔特的自身条件并不算差，和凯蒂相比也算得上是门当户对。但当两个人踏上婚姻的天平，这种爱与被爱的不平衡心理因素，才是导致天平失衡的最重要原因。这种不平衡的、缺乏基础的情感状态，以及太过明显的性格差异，给这段婚姻关系埋下了一颗定时炸弹。

首先引爆这颗炸弹的人，是凯蒂。婚后，作为大英帝国的科学工作者，瓦尔特被派驻到了帝国的占领区——香港，凯蒂也随丈夫来到了这个陌生的东方城市开始了新的生活。起初，凯蒂觉得问题并不大，摆脱了母亲的掌控和压抑的家庭环境，令凯蒂感到终于松了一口气，能够比妹妹先一步嫁人，也让她感到沾沾自喜。

但很快，新的问题出现了。稳定的婚姻生活像一面放大镜，把人身上的性格缺陷无限放大了。瓦尔特虽然很爱凯蒂，但他身上那种老实本分、兢兢业业的保守生活态度，显然没法令凯蒂感到满意。凯蒂的生活态度和瓦尔特完全是背道而驰的，一本正经的瓦尔特除了能在物质生活上满足凯蒂的基本需求，在精神层面上根本不能给她带来任何的满足感。

凯蒂需要的是一个风趣幽默、充满自信、懂得生活情调的爱人，而不仅仅是一个埋头工作、养家糊口、生活毫无趣味可言的丈夫。她要的是一个让她心动的人，而不是一个能照顾她的人。

这时候，另一个男人出现了。官员查理和他的太太多萝西同样是被帝国派驻香港的一对夫妻，在香港本来就不大的英国人社交圈子里，凯蒂和瓦尔特很快就和查理一家相识了。在这两家人的交往中，凯蒂发现查理满足了她对一个男人所有的期待和想象。查理是能言善辩的地方官员，风度翩翩，身材魁梧，爱好广泛，不仅是地方总督的热门人选，而且在社交圈子里也人缘极好，八面玲珑。这个魅力十足的男人喜欢处处留情，很善于向女性献殷勤。凯蒂的美貌深深吸引了查理，很快，查理和凯蒂就发展出了一段婚外情。

这注定是一段以悲剧收场的恋情。瓦尔特虽然在感情方面保守木讷，但毕竟是一个心思缜密的人，他很快就发觉了妻子出轨的种种迹象。而头脑发热的凯蒂，此时已经深陷在和查理火热的关系里无法自拔。面对妻子出轨的事实，瓦尔特失望之极，内心五味杂陈，但表面上却异常冷静。最终，他做了一个出乎所有人意料的决定。他告诉凯蒂，自己打算前往一个叫湄潭府的中国城市，支援当地的医疗队伍。

湄潭府是毛姆虚构出来的一座中国南方城市，是处在外国人占领区范围内的一处偏远地区，那里爆发了几十年来最严重的霍乱，疫情不断蔓延，政府无能为力，只有一群来自法国的修女在当地苦苦坚持，她们建立起一所修道院，用来治疗病人，同时收养那些失去亲人或被遗弃的中国儿童。瓦尔特告诉凯蒂，要带她一起前往湄潭府。听到这个消息，凯蒂觉得瓦尔特一定是疯了，前往那样的疫情重灾区无异于自杀，她为什么要跟这个自己并不喜欢的男人去送死呢?

凯蒂向瓦尔特挑明了一切，要结束这段令她失望的婚姻，去追随自己的“真爱”查理，她向丈夫提出了离婚。瓦尔特非常冷静，他说自己同意离婚，但有两个条件：第一是查理的妻子多萝西太太也同意与查理离婚，第二个条件是查理必须提出书面保证，在他们离婚后一周以内就娶凯蒂为妻，否则就绝不会离婚。

听到瓦尔特这样说，凯蒂松了一口气，她认为只要查理答应这些条件，自己就能摆脱瓦尔特，和自己深爱的查理在一起了。但事实却并没有如她所想。当凯蒂找到查理向他说明情况之后，查理的态度发生了惊人的改变，他劝说凯蒂，不应该和瓦尔特离婚，也没必要把事情闹得沸沸扬扬，还告诉她，自己无论如何都不可能和多萝西离婚的，因为那样会影响到他的名誉，进而影响到他的仕途。

凯蒂做梦也没想到，以往对自己百般温柔，情话连篇的查理，在地下恋情将要见光的时候，态度却发生了一百八十度的大转弯，变得胆小怕事，自私自利，百般推脱，成了一个十足的“渣男”。

遭受现实残酷打击的凯蒂愤怒至极，也失望至极。本以为近在咫尺的美好恋情，本以为能够接纳自己的完美情人，转瞬间全都灰飞烟灭，凯蒂对生活的所有热情也被一起浇熄。她心灰意冷地回到家里，甚至产生了轻生的念头。这时候，凯蒂觉得和瓦尔特前往湄潭府的疯狂行为似乎也没那么可怕了，反正人生已经没有希望了，大不了一死了之。

就这样，瓦尔特和凯蒂背负着一段残破不堪的婚姻关系，向一个更加残破不堪，甚至充满危险的目的地进发了。他们俩不仅把彼此推进了精神的地狱，更是双双跳进了现实生活的炼狱。

在《面纱》这部小说的第一层意象里，毛姆为我们呈现了这样一段不幸的婚姻。新娘的面纱本应是美好的祝福，但在这里却变成了一对男女的可怕诅咒。他们都太年轻了，年轻到没有领悟到爱情和婚姻的真相。面纱遮蔽了他们的双眼，也覆盖了他们的灵魂，甚至成为了彼此伤害，将对方拖入生活残酷困境的道具。在情感问题没有得到解决的情况下，瓦尔特和凯蒂又将自己置入了更加危险的境地之中。等待他们的将是何种命运呢？

经历了好几天艰苦的行程之后，瓦尔特和凯蒂终于抵达了湄潭府。这座表面上看上去平静安详、绿意盎然、充满着迷人乡土气息的中国乡镇，正经历着比预想中还要糟糕的灾难。可怕的瘟疫像一个看不见的死神，正在无声无息地夺走一个又一个脆弱的生命。在瓦尔特之前来的一位医生已经因为感染霍乱死去了，瓦尔特此次前来正是要补充这位医生的空缺。大部分中国官员和外国人都逃跑了，只有一名叫维丁顿的英国人和一些中国军队留守在湄潭府。和维丁顿简单了解情况后，瓦尔特便全身心地投入到医务工作之中，在修道院搭建的临时医院里治病救人。

凯蒂则依然沉浸在悲痛和空虚中无法自拔。她依然对查理念念不忘，留恋着过去的生活。但她知道情况已经无法挽回了，因此采取了一种自暴自弃的态度。维丁顿曾叮嘱他们两人，在疫区生活一定要非常小心，尤其是饮食方面，不要喝不干净的水，更不能吃没有烧熟的食物。但凯蒂却不管不顾，每天都让厨师给自己做生菜沙拉，瓦尔特看着凯蒂不顾死活的样子，并没有劝阻，而且和她一起大口大口地吃着沙拉。沙拉就像他们两人之间的情感关系，冰冷无味、支离破碎。两人似乎都没有想要主动去挽救这段尴尬的关系，就这样自暴自弃，瓦尔特病态地将自己投入到没日没夜的工作之中，而凯蒂则继续浑浑噩噩地，在这个似乎已经被上帝抛弃的地方过着没有指望的生活。

给这潭死水掀起波澜的有两个人。

第一个人就是维丁顿。他是当地的海关官员，在这里生活了几十年，也是瓦尔特和凯蒂能接触到的唯一的英国人。维丁顿虽然身材矮小，其貌不扬，但却对生活有着比较通透的认识。他一眼就看出了瓦尔特和凯蒂夫妇之间名存实亡的婚姻状况，因此经常约两人喝酒聊天。

有一次，在维丁顿和凯蒂两人私下聊天的时候，维丁顿告诉凯蒂，他很久以前就认识查理，并把这个人伪善自私、一心只为当官发财的真面目，委婉地透露给凯蒂。不久后，维丁顿又带凯蒂出去散心，领她参观了灾区的修道院。

这所残破不堪、设施简陋的修道院，和凯蒂平日里在英国看到的那些修道院和教堂都截然不同，这里没有精美的壁画和塑像，没有五彩斑斓的彩绘玻璃，也没有衣着华丽的主教和牧师。有的只是一群兢兢业业的修女，她们收留被人遗弃的孤儿，教他们认字读书，学习《圣经》，在一间小小的音乐教室里学习唱歌。除此之外，她们还担负着在修道院改造的临时医院里救治病人的医护工作。

听闻瓦尔特医生的妻子凯蒂来到修道院，院长和几位修女热情地接待了她，院长告诉凯蒂，瓦尔特医生的到来简直是雪中送炭，整个修道院都被瓦尔特医生专业的能力、善良的品格、无私奉献的精神感动了。

在这趟短短的行程中，凯蒂受到了前所未有的震撼。维丁顿则在无意中成了凯蒂重新审视自己、重新觉醒的领路人。他让凯蒂意识到，自己曾经对查理的感情是多么片面，多么幼稚；而在湄潭府残酷恶劣的生存环境下，丈夫瓦尔特奋不顾身的勇气和品格，显得如此可贵，令人动容。凯蒂终于意识到，自己过去对瓦尔特和查理的判断，是如此浅薄，如此可笑；曾经对查理的情迷痴狂，简直不可思议。她终于可以放下对爱情片面的认知和执念，冷静地思考自己的问题，以及更重要的——自己的世界之外的问题。

自此之后，凯蒂摆脱了自怨自怜的状态，她开始以志愿者的身份在修道院和修女们一起工作，院长也非常高兴地接纳了凯蒂，她是第二个带领凯蒂走出情感困境的人。

修道院的工作不仅转移了凯蒂的生活重心，也改变了她的精神世界。在院长和这些修女身上，她看到了某种更深层次、更有价值的东西。在瘟疫肆虐的湄潭府，这个小小的修道院里的人们依然有条不紊地工作，拯救生命，面对死亡的威胁时镇定自若。

反观自身，凯蒂觉得自己曾经执着追求的东西是多么无聊，甚至一无是处。在这里，她感到自己是一个“有用”的人，“在池塘边生活了大半辈子，却在突然间看到了汪洋大海”。这让她重拾了面对生活的勇气，“我要活下去，我的内心鼓足了重新生活的勇气。我觉得自己像是扬帆远航的老水手，正在探寻一片不为人知的海域。我的内心强烈渴望着探寻未知的世界。”

“面纱”这个词的第二层意思，指的是修女使用的头巾或面罩。在这部小说的第二层意象里，故事的女主角凯蒂已经摆脱了过去那层不幸的面纱带给自己的伤害，透过它，凯蒂看到了生活中另一个更深的层次：一个女人应该努力实现自我价值，实现人格的独立，而不是把自己寄托在别人身上。

修道院的工作是世俗的，但带给她的精神价值是神圣的。面对深重的灾难和夺人性命的疾病，修女的面纱并没有让她们对尘世的苦难视而不见；对凯蒂来说，她又怎能因为一两个人对她造成的情感创伤，就自暴自弃、自甘堕落呢?

但是，面对爱情，凯蒂和瓦尔特都已经犯下了严重的错误，他们都必须为各自的选择承担后果，为各自的生活付出代价。

正当凯蒂和瓦尔特一心一意在修道院工作时，凯蒂发现自己怀孕了。这一次，面对这个令人意想不到的状况时，凯蒂没有选择退缩，也没有试图掩盖。她告诉瓦尔特，自己怀孕了，她也不知道这个孩子到底是谁的。面对凯蒂的坦诚，瓦尔特也终于说出了自己内心深处的真实感受：当初带凯蒂来湄潭府，确实是想要惩罚她。实际上，瓦尔特做出这个风险极大的决定，是因为当得知深爱的人背叛自己时，他痛苦到了极点，所以才有了这个“同归于尽”的疯狂的想法。

不久之后，一件更可怕的事情发生了。一天晚上，维丁顿匆匆跑来家里告诉凯蒂，瓦尔特生病了，而且病情严重，很可能感染了霍乱。瓦尔特最终死在了异国他乡。临别之际，这对不幸的夫妻，都在恳求彼此的宽恕和原谅，但他们已无法做任何事情来弥补伤害了。

瓦尔特和凯蒂之间，到底有没有真正的爱情呢？可以确定的是，瓦尔特是爱凯蒂的。但是单方面的爱情，究竟是不是爱情呢？面对妻子的背叛，瓦尔特所遭受的创痛，也许是这世界上最难医治的创痛，甚至比死亡带来的痛苦还要让人难以接受。

我们同样可以确定的是，凯蒂是不爱瓦尔特的，她爱的人也不是查理。因为在此之前，她并没有理解真正的爱情是什么。但是凯蒂做出了一件非常有勇气的事情，一件我们平常人努力逃避，甚至不敢面对的事情——敢于揭开生活的面纱。

《面纱》讲述的不仅仅是一个女人寻找爱情真谛、实现道德救赎的故事，它更是一个关于人寻找精神自由的故事，或者说重获自由的故事。“她不仅仅是从苦闷的婚姻中获得自由，也不仅仅是从精神压抑的夫妻关系中获得自由，也不仅仅是从死亡的威胁中获得自由，而且是从沉沦堕落的婚外恋中获得自由。这是摆脱一切精神枷锁后获得的自由，这是脱离了躯体的灵魂的自由。”

这是毛姆想要通过《面纱》的故事，告诉我们的最重要的一个核心。“面纱”这个词的第三层意思是掩盖、掩饰，也可以理解为谎言。在作者看来，有勇气揭开“面纱”的人太少了，毛姆曾在 1938 年出版的《总结》一书中这样写道：“四十年来，我一直在有意识或无意识地研究人性，却还是发现人是无法解释的……不过对我而言，人生之旅即将走完，隐藏真相会让我觉得不舒服。”

因此，凯蒂这个人物身上最可贵的地方，不单单在于她能够从痛苦中重拾希望，从堕落里重新爬起来，更在于她能勇敢地承认自己的爱或不爱。拥有了这样的勇气，“她的失足与蠢行，她所遭遇的人生不幸，就并不完全是徒劳无益的”。

《尘埃落定》

一切坚固的，都如尘埃消散了

尘埃象征着一种游离的状态，正如本书中的主人公傻子少爷的人生状态，总是懵懵懂懂、游离不定、似睡非醒。傻子走过的生命历程是一种“人的象征”，传达着最本真的社会人性状态。

20 世纪 80 年代以来，茅盾文学奖一直被视为国内最重要的文学奖项之一。这个奖项由中国新文化运动先驱、中国革命文艺的奠基人茅盾先生在临终时所创立，获奖作家都是我们耳熟能详的创作者，比如路遥、刘心武、王安忆、莫言、苏童、毕飞宇、王蒙、金宇澄等。

《尘埃落定》于 2000 年获得茅盾文学奖，这本书的作者阿来也由此成为茅盾文学奖历史上最年轻的获奖者之一。

有人曾经观察过茅盾文学奖历年的获奖作品，发现大部分获得该项奖的小说都有两个共性：首先，大多数作品采用的都是现实主义创作手法；其次，这些作品篇幅都比较长，而且作品都具有史诗气质。

阿来的长篇小说《尘埃落定》，恰好就符合这两个共性。这部小说同时又有两个非常有意思的特点。第一，以现实主义为主，同时还带有某种程度的魔幻色彩，也就是我们常说的魔幻现实主义，有人甚至认为，这部作品是中国版的《百年孤独》；

第二点，这本小说以藏族生活为主题，主要讲述了 20 世纪 20 年代到 1949 年之间，四川阿坝地区一个名叫麦其的贵族土司及其家族的兴衰，呈现了藏民族家族历史、社会制度、文化风俗和权力斗争，同时有个人命运的起伏，和时代洪流的涌动，是一部出色的民族史诗。

在 2000 年获选茅盾文学奖时，评委会给《尘埃落定》有这样一段评语："小说视角独特，有丰厚的藏族文化意蕴。清淡的一层魔幻色彩增强了艺术表现开合的力度，语言轻巧而富有魅力，充满灵动的诗意。"

小说描写了四个关键角色，由这四个角色串联起全书情节。

第一个关键角色是傻子，他是麦其土司家的二儿子，也是整本小说的核心人物，却也是一个边缘人物。在故事的很多关键情节里，他置身其中，却又超然物外。他是作者阿来自身童年经历的投射，也有很多创造性的元素。他不仅是麦其家族命运起落变化的亲历者，也是土司制度由中兴走向消逝的见证者。

第二个关键角色是土司。作者阿来早年曾经当过高中历史老师，在教授历史课的过程中，他接触到"藏族土司制度"，并查阅了大量文献文物和相关资料。他所在的马尔康县，俗称"四土"，意思就是四个藏族土司管辖的地方，有着丰富的历史遗留。正是在对本民族风俗文化研究的扎实基础上，作者才能在作品中，通过文学手段，把土司制度及藏族人民权力架构和生活细节，描绘得生动且丰富。

第三个关键角色是故乡。作者阿来曾在接受媒体采访时说过这样一句话：故乡是让我们抵达这个世界深处的一个途径，一个起点。

第四个关键角色是诗歌。作为 20 世纪 80 年代成长起来的作家，阿来的文学创作受诗歌这种文学体裁的影响相当大，他在 80 年代末也曾发表过诗歌作品。《尘埃落定》这部小说的语言，也被很多评论家和读者赞赏为“具有诗歌般的意象和美感”。

作者笔下的傻子这个角色，他的设定非常有意思。从傻子的家族身份角度看，他是土司的儿子，贵族的后代。他出生在阿坝地区最强大的土司——麦其土司的官寨里。土司家的官寨是一座巨大的石制建筑，七层楼高，有无数的房间、走廊和楼梯。麦其家族就是这座官寨的主人。官寨周围分布着大大小小三百多个小寨子，住着两千多户人家。土司就是这两千多户藏族人的统治者。

傻子每天早上醒来的第一句话，就是问：我是谁？我在哪？童年的傻子，就像住在大观园里的贾宝玉一样，不但享受着荣华富贵，而且性格也和贾宝玉有很多相似之处：生活上，他有自己的贴身奴婢和小厮，整天活在自己的小天地里；性格上，他处处犯傻，不谙世事，顺从着自己的天性而活。

作为土司的儿子，傻子在麦其土司的领地范围内享受着天然的权力。对老百姓和各地的头人来说，这个麦其家的二少爷虽然是个傻子，但依然是他们的主子，他们对他卑躬屈膝，尽忠尽责。父亲麦其土司觉得他继承不了土司之位，就希望他能快乐地活着；而对土司的大儿子，也就是傻子的哥哥来讲，自己的傻弟弟完全是个不谙世事的后生，对自己继承父权也构不成任何有效威胁，因此也和他非常亲密。

但是，从傻子记事开始，事情的发展就已经超出了通常的轨道。有一天，家里来了一个瘦瘦小小、其貌不扬的汉族官员，父亲称他为黄特派员。原来，这位特派员是父亲派人专门从外地邀请来的。麦其土司从他那里购买了大量步枪、机枪、弹药等军火，目的是要利用这些新式武器，来对付一个曾经叛变的头人。黄特派员还主动提出要帮助麦其土司练兵，培养一支现代化军队。这位特派员表面上说自己是为了帮助土司，为了五族共和与国家秩序，但实际上是为了拉拢实力最强大的土司，打败其他地方土司，侵占土地，并用这些土地来种植罂粟，生产鸦片并从中牟利。

麦其土司依靠新式武器和军队，轻易就打败了敌人，占下了土地。但因为并不了解罂粟花的实际用途，土司又轻易答应了特派员的条件。很快，在麦其土司辖地中心，围绕着官寨的土地上，全部都播下了鸦片的种子。到了来年秋天，特派员再次造访，用巨额的银子买下了所有罂粟果实并开始生产鸦片。

而麦其土司由于获得了新的土地和巨大经济利益，财力物力人力都得以倍增，却也招来了不必要的麻烦。

果然，没过多久，各地的土司都带着各自的要求来到麦其土司的官寨，这些要求归结起来无非两种：一种很直接，要求得到使麦其家迅速致富的种子；一种是要求把自己的妹妹或者女儿嫁给麦其土司的儿子，目的当然还是获得罂粟种子以及罂粟带来的财富。

但麦其土司想垄断罂粟种植的权利，因此没有给任何土司哪怕一颗种子。这时候，傻子对父亲说，这样做是没用的，因为即使我们不给他们种子，风和鸟类等自然因素或者其他人为因素，也会把种子带到别处。但家人们并没有听傻子的话。

没想到第二年，又来了一位新的特派员，他主张让所有土司都拥有罂粟，让他们得到银子和机关枪，自相残杀。很快，罂粟花就像野火一样，在别的土司的领地上燃开了。当年鸦片的价格就下跌了一半，但土司们却用更多的土地来种植鸦片。这样恶性循环了几年，土司们都发现，来年的粮食要不够吃了，老百姓要饿死了，这是土司的领地上几十年来都没有过的事。这时候，傻子又在关键时刻给了麦其土司一个建议，来年要把土地全部用来种植粮食，不要种鸦片了。

这一次，麦其土司听从了傻儿子的建议。果然，第二年鸦片价格继续下降，其他土司的鸦片卖不出去，地里没有种粮食，也没有银子去买粮食了，阿坝地区出现了前所未有的大饥荒。而麦其土司家的百姓则没有一个人饿死，甚至还用富余的粮食拯救了从其他土司那里逃来的灾民。

傻子做的另一件让他的家人倍感意外的事，就是他在麦其家的北方边境巡游时，建立了一个开放的官寨，这座官寨没有高大的围墙，人们可以在寨子周围任意往来，交换粮食和生活必需品。这实际上打破了过去土司官寨自给自足的经济状态，建立了一个新兴的市场；甚至联合了曾经敌对的土司和东边的汉人，建立了频繁的贸易往来。傻子依靠这个市场，在很短的时间里就积累了巨大的财富，甚至超过了麦其土司。

如此看来，这个傻子明显一点都不傻，甚至还显得比其他人聪明许多。实际上，作者阿来只是设定了傻子这样一个看起来置身事外的边缘角色，来展开故事的叙述。我们甚至可以把傻子看成是一个虚设的人物，他的主要作用是作者用未来的眼光来审视曾经的历史和人。傻子走过的生命历程是一种“人的象征”，传达着最本真的社会人性状态。其实，作者阿来用傻子这个人物的眼光作为小说叙述的角度，也是把他作为一个观照世界的标尺。

但是，傻子虽然能够以置身事外的态度，看清事物的基本事实，甚至在某种程度上影响着故事的发展，但他却从来没有得到过真正影响历史走向的主导权。

这种所谓的权力，以及那些我们在今天看来不该做出的决策，全都掌握在除傻子之外的人手里。所以，尽管傻子做了很多事情，还是依然无法挽救即将土崩瓦解的土司制度。

在接下来的这个部分，我们就来重点说说土司这个关键角色。

土司是一个外来语，在藏族的语言中，和这个词大致对应的词叫作“嘉尔波”，是古代对国王的称呼。虽然土司们自己称王，但到了北京和拉萨，都还是要对大人物下跪的。

在康藏地区的社会中，存在着多个土司，他们不仅垄断着一个地区的政治、军事和经济力量，还制定出了一整套严格的社会阶级体系。这套权力金字塔体系的最上层就是土司。土司往下，是管辖着每个小寨子的头人，他们管辖制约着领地范围内的所有百姓，此外包括僧人、手工艺人、巫师、说唱艺人等特殊职业和身份的群体。比百姓还要低一等的是家奴，他们相当于土司和头人的奴隶，完全没有人身自由，甚至可以任意买卖。

土司不需要法律，虽然他们不把自己的权力和规则写在纸上，但他们的存在是一种所有人都铭记在心的规矩，不用书写也是刻骨铭心的。麦其土司作为这片土地上的最高统治者，反映了人类天性中一种难以磨灭的欲望，那就是对权力的索求和贪恋。麦其土司虽然已经是所在地区最强大的土司了，但依然无法容忍自己的权力有一丁点的削弱。即使是自己的儿子们，他也不能完全信任。当大儿子因为讨伐其他土司而取得胜利，二儿子因为建立新兴市场而获得财富时，麦其土司反而产生了一种落寞感，因为他害怕自己被建立了战功和积累了财富的儿子们所取代。他虽然知道自己年岁已高，却并不愿意就这样将权力拱手相让。

作为父亲，麦其土司对两个儿子怀着深沉的情感，希望他们各有所成。作为掌权者，由于对权力难以舍弃的病态执着，又让他变得反复无常。这种对权力的贪恋而产生的猜疑、嫉妒、敏感和不安，让父子之情变质，也让土司制度变质了。

阿来曾强调，自己想写的就是一部关于“权力”的小说。有文学评论家也认为：“作者力图围绕川西北藏区的社会变迁……揭示出权力的秘密，看其怎样产生，有何作用，并且怎样影响人的命运。就《尘埃落定》而言，即通过麦其土司的个别家世，透视出权力的普适性。”

在这个已经延续了好几百年的、稳固的权力社会中，之所以会有傻子这样的人出现，正是因为这套社会范式本身已经由于各种原因而出现松动，产生缝隙。这些原因里，不仅有刚才我们所提到的，土司制度本身所附带的内在弊端，另一个最重要的原因，就是现代文明的侵入。

从汉人那里带来的枪炮和罂粟，使麦其土司的实力变得空前强大，但也让原有的自然生态和政治生态都失去了平衡。它们带来了巨量的财富，但随即便引发了饥荒，引发了战争，引发了一系列难以预料的后果。

即使大儿子依靠不断发动战争和讨伐，来扩大土地，震慑他人；即使二儿子能够依靠建立市场和贸易来顺应时代潮流，这些方式能够达到的最大成效，也仅仅是缓解阵痛，治标却不能治本。因为当新时代到来，土司制度这种皇权时代的产物开始变得岌岌可危。

作者阿来用傻子和土司这两个主要人物角色，表现了康藏地区土司制度在时代大变迁下的衰落和消逝，通过错综复杂的人物关系和家族历史，为我们呈现了一个关于藏民族在现代文明大潮到来之前的兴衰和消逝的故事。

前面我们提到，故乡是作者书写的起点。而故乡，往往和人的过去紧密相关。在接受央视《朗读者》节目的采访时，阿来曾说："我们家出身不是很好，人民公社时期，一个七八岁的孩子，就被告知说，这个世界上的好事情都跟你没有关系。用今天我们的话讲，你不想成为一个旁观者。但其实你已经成为了一个旁观者。"

正是这种旁观者的心态，让作者在书写关于自己故乡的历史和故事的时候，能以一种更冷静、更宏观、也客观的角度，去面对曾经发生在这片土地上的人和事。傻子这个主角的设定，也恰到好处地依从了这种边缘和旁观的心态。

在宗教这个比较难以拿捏的主题上，作者依然表现出了非常恰当的描绘。位于康藏地区的阿坝，自古以来都是多种宗教文化和习俗相互碰撞的中间地带。作为一位藏族作家，阿来没有在故事中一味突出藏传佛教对该地区的主导性影响，而是为我们呈现了一个在佛教、原始宗教，以及封建部落世俗文化这三者之间相互拉扯的状态下，人们处理生活观念、人际关系、身份认同等多个维度的信仰状态。这一方面建立在作者扎实的民族研究基础之上，另一方面也建立在作者对故乡深入的情感和理解之上。

从历史研究的角度来看，作者是对家乡的古代和近现代史做了仔细的背景调查之后，才把它安排到故事中来的。比如关于土司大范围种植鸦片这个故事，就有真实的历史背景作为支撑。辛亥革命之后，民国政府设立了川边特别区，1928 年改称西康省，管辖金沙江以东的康区。而与西康接壤的四川一直以来都处于军阀林立、内战不断的状态。1932 年，刘文辉在军阀斗争中战败，进驻西康。由于西康经济落后，因此刘文辉便拉拢土司开始大范围种植鸦片，用于充实军费。直到 1939 年政府下令强化禁烟，鸦片种植才慢慢衰落。

此外，在小说中，阿来不仅安排了最后一代土司制度的没落史这层宏观叙事，在这层叙事之下，还充满了各种各样丰富的情节肌理。比如关于阿坝地区自然风貌的描写，关于各种人物服饰和生活细节的描写，关于婚丧嫁娶等社会风俗的描写，关于奴隶制度的描写，关于统治者实施的残忍刑法的描写……这些故乡的历史记忆和基本事实，所有美好和残忍的细节，阿来既没有故意夸大，也没有刻意遗漏，全都原原本本地呈现给了我们。这也是一部表现藏族这个民族，表现作者所生所长的故乡的史诗，所应该呈现的完整书写。

说到最后一个关键角色诗歌，20 世纪 80 年代中后期成长起来的青年作家们，在开始小说创作前或者写小说的同时，都或多或少地进行过诗歌写作，诗歌仿佛成了作家们写作的一个起点。阿来也不例外，他的创作，曾受到 80 年代诗歌相当大的影响，他自己也曾出版过诗歌作品。

《尘埃落定》这部小说精彩的语言和文字，一方面来源于作者的真实体验和感受，那种和自然，和土地，和雨水，和季节变换深刻的接触。另一方面则来源于作者的练习和心态，一种敢于将诗歌写作的积累，转化和运用到小说写作中来的勇气。

在小说中，我们可以在很多地方感受到作者的语言中所包含的诗歌韵律感。比如以下这几段：

> 这天，雨水从很深的天空落下来。冬天快到了，冰凉的雨水从很高的灰色云团中淅沥而下。下了一个上午，到了下午就变成了雪花。雪落到地上又变成了水。
>
> 水从高处的盆子里倾泻出去，跌落在楼下石板地上，分崩离析的声音会使她的身子忍不住痉挛一下。水从四楼上倾倒下去，确实有点粉身碎骨的味道，有点惊心动魄。

此外，小说中还有一个最富有诗意的意象在反复出现，这个意象同时也是本书的书名——“尘埃”。

尘埃象征着一种游离的状态，正如本书中的主人公傻子少爷的人生状态，总是懵懵懂懂、游离不定、似睡非醒，总是在每天早上起来的时候问身边的人，“我是谁，我在哪”。

尘埃象征着事物的终结。傻子在脑海中预见了土司制度的终结时，他看到“土司官寨分崩离析，冒起了蘑菇状的烟尘。腾空而起的尘埃散尽后，大地上便什么也没有了”。

尘埃也象征着生命的结束。当麦其土司和太太，连同他们的官寨在炮火中被掩埋时，“一小股旋风从石碓里拔身而起，带起了许多的尘埃，在废墟上旋转。”傻子认为，那是麦其土司和太太的灵魂要上天去了。“旋风越旋越高，最后，在很高的地方炸开了。里面，看不见的东西上到了天界，看得见的是尘埃，又从半空里跌落下来，罩住了那些累累的乱石。但尘埃毕竟是尘埃，最后还是重新落进了石头缝里，只剩寂静的阳光在废墟上闪烁了。”

《尘埃落定》这部小说之所以得到人们的认可和读者的共鸣，很重要的一个原因，是因为这本书所反映出的人类困境，是世界上所有民族所共有的。

用作者自己的话来说：“人们之所以需要文学，是要在人性层面上寻找共性。所有人，不论身处哪种文明，哪个国度，都有爱与恨，都有生和死，都有对金钱、对权力的接近与背离。这是具有普遍意义的东西，也是不同特质的人类文化可以互相沟通的一个基础。”

而这，正是《尘埃落定》里，那些像尘埃一样升上天空，又慢慢落下的，撼动每一个读者心灵的元素。

《白鹿原》

“最后的人”

作为族长，他一生都在拼尽全力维系着乡土的宗法传统，在时代洪流中力挽狂澜，让白鹿原赖以存在的精神命脉，得以一再延续。只要白鹿原生生不息，他顽强的生命精神，就能不断地从巨大的打击中恢复过来，继续迎接挑战。

有没有一本书，和它所书写的地域融为一体，成为这个地域的代表，甚至影响到人们理解那个地域的方式？

有，就是陕西作家陈忠实的长篇小说《白鹿原》。

《白鹿原》的故事，发生在大约1911年到1949年这个时间段，涵盖了现代中国最激烈、最深刻的社会变革和革命历史时期，是近代以来中国历史最重要的一个时间段。《白鹿原》的故事发生在关中地区，主要人物是中国乡土社会和革命历程当中最重要的一个角色——农民，他们至今仍然是中国人口中最庞大的一个群体。

《白鹿原》这本书的写作，探讨了一个对所有生活在这片土地上的人来说非常重要的一个大问题：当那个世界上最庞大、人口最多的封建帝国解体之时，历经了两千多年封建制度的人们是怎样生活的？换句话说，没有了皇帝的白鹿原上的村民，究竟是怎样走到1949年新中国成立的？

小说开篇的第一句话是这样写的："白嘉轩后来引以为豪壮的是一生里娶过七房女人。"这个开场，既奠定了整部小说的风格基调，也带出了故事的核心人物，白嘉轩。

白嘉轩是白鹿原里的最后一位族长，是白鹿原这个区域大大小小十几个村庄里，最受村民尊敬，经济实力最雄厚，也最有道德权威的人物。族长这个身份，是中国古代官僚行政制度以外，一个相当重要的角色。族长不是官员，但族长的工作范畴却和地方官有很多相似之处，是游离在政治体制之外，掌管着地方社会方方面面大小事务的核心人物。如果说村落是中国社会信息量最富集的一个细胞，那么族长就是这个细胞的细胞核。

对白嘉轩来说，处理白鹿原各种各样的社会事务，与其说是一种工作，不如说是一种生活方式；与其说是管理，不如说是教化。而施加这种教化的理论来源，是一部叫作《乡约》的条文。它不仅构成了白嘉轩的心理结构特点，也是生活在白鹿原这片土地上的人们的精神框架的重要组成部分。《乡约》的内容简单浅显，它教人们应该怎样做人怎样做事，什么是道德什么是伦理，什么是忠孝什么是礼仪，是最通俗易懂和便于操作的一整套行为规范。

可以说，《乡约》不仅构建了白嘉轩的心理结构，也构建了整个白鹿原的社会结构。但是，这套在封建时代稳定存在了上千年的结构，正面临着"来自多种势力的入侵和挑战"。本书中，作为族长的白嘉轩在他后半生的大部分时光里，都在拼尽全力维系着《乡约》所代表的宗法传统，在时代的洪流中力挽狂澜，让白鹿原赖以存在的精神命脉，得以一再延续。用陈忠实自己的话说："白嘉轩就是白鹿原。一个人撑着一道原。白鹿原就是白嘉轩。一道原具象为一个人。"

与此同时，这些挑战也具象为这本小说里的其他重要人物，并引出了其他重要情节和线索。本书中第二个非常重要的人物角色是鹿子霖。

鹿子霖所在的鹿家，是白鹿原上的第二大家族，经济实力与白家相当。在古代的乡村社会，乃至现如今中国的农村社会中，衡量一个家族的实力，历来都有两个重要的硬性指标：一是家族的土地面积，二是家族的人口数量，尤其是男性的人口数量。土地代表着经济生产力，是财富积累的重要来源。而人口的多寡，则是衡量一个家族香火是否兴旺，事业能否顺利传承的重要前提。鹿子霖对白嘉轩的挑战，并不集中在以上两点，而是集中在族长这个角色所代表的社会地位上。

鹿子霖对于白嘉轩身为族长的身份，带着些许敬畏，也夹杂着嫉妒和想要取而代之的欲望。当时间到了 1911 年，辛亥革命发生后，革命的浪潮开始缓缓蔓延到白鹿原的土地上，在新旧政权轮换的这个空当，鹿子霖阴差阳错地获得了一个新的政治身份：白鹿镇保障所的第一任乡约。这个乡约并不是我们前面提到的那个《乡约》条文，而是实实在在的一个官职，相当于镇长的角色。

在此前的很长一段时间里，鹿子霖在整个白鹿原都是作为一个“二把手”的角色出现的，他和白嘉轩协力为乡亲们修祠堂，创办学堂，修补围墙，出钱出力，结果却只增加了族长白嘉轩的功德和威望。鹿子霖的财富在累加，但向来与族长的位置无缘。如今，鹿子霖成了保障所的乡约，管辖着包括白鹿村在内的好几个村庄，终于可以名正言顺地挑战白族长的地位了。

白嘉轩警惕地察觉到鹿子霖的心理。但他的警惕，不是出于鹿家对自己社会地位的挑战，而是因为鹿子霖的处世风格，违背了《乡约》条文的传统精神，背叛了宗法秩序下的道德伦理。白嘉轩担忧的，是一旦这样一个有道德伦理瑕疵的人，一个“官瘾比烟瘾还大”的人掌权，不仅不会做出对白鹿原有益的事情，反而会伤害到白鹿原的百姓。

情况也正如白嘉轩所料，鹿子霖担任保障所乡约的官职之后，就立即按照县长的意愿，给白鹿原的村民增加了沉重的赋税。而白嘉轩的回应，是继续利用《乡约》的道德力量来规训民心，同时动用自己在白鹿原的社会关系，煽动村民发起了一次大规模的抗税斗争，成功罢免了白鹿原的第一任县长。

在这里，鹿子霖所代表的是一种权力欲和私欲对宗法道德的侵害。作者对鹿子霖和白嘉轩关系的描绘，体现了乡村政治中那种暗流涌动的斗争，是来自内部的挑战。白嘉轩谨慎且稳妥地回应了这种挑战。作为同属一个阶级的同辈人，白鹿原两大家族的大家长，白嘉轩必须在明面上与鹿子霖维持一种相互依赖、相互谦让的微妙关系，并小心地回应鹿子霖暗地里发起的一次次挑战。但这明显不是最重大的挑战，也不是最后的挑战。

接下来白嘉轩所面对的，是来自白鹿原年轻一代的挑战。不断加速动荡的社会变革，给了这些年轻人跳脱原有社会道德秩序的空间和机会。下一代人所带来的，是更为凶猛和激烈的变化。

故事中的另外两个重要角色，也是最富争议的两个人物，就是黑娃和田小娥。他们可能也是本书中性格最复杂，悲剧色彩最浓重的两个角色，尤其是黑娃。

黑娃是白家的长工鹿三的儿子。黑娃的父亲鹿三是个性格敦厚、对白家忠心耿耿、工作任劳任怨的长工，从白嘉轩父亲那一代开始，鹿三就进入白家开始担任长工了，包括白嘉轩在内的白家两代父子，都像对待家人一样对待鹿三，白嘉轩甚至在家里人面前直接称鹿三为“三哥”。白嘉轩和鹿三两家的关系，有点类似《追风筝的人》中阿米尔一家和哈桑一家那种非常融洽的主仆关系。

与自己的父亲鹿三相比，年轻的黑娃似乎并不满足于这种现状。因为对他来说，继续生活在白鹿原，父亲鹿三就是他可以看见的最远的未来：成为一个老实本分的长工，一辈子靠给别人打工卖力气来维持生计。无论白嘉轩对鹿三多敬重，他们始终还是分属完全不同的两个阶层。黑娃看不惯白嘉轩，这里面还暗含着某种敌对，这种阶级意识是天然的，却也是模糊的。他不想接父亲的班，继续留在白家当长工，于是黑娃选择了出走，去到白鹿原之外的另一个村子另谋生计。

离开白鹿原之后，黑娃成为了一名“麦客”，也就是在农忙时节专门帮大户人家收割麦子的临时雇农。黑娃所在的这户人家姓郭，郭老爷是一位前清的武举人，他年事已高，但家底殷实，还娶了三房太太。他的第三房太太田小娥，是一位年轻貌美，相当有姿色的年轻女性。可以说，黑娃和田小娥的相识，是一件意料之外、情理之中的事情。一边是血气方刚，未婚未娶的青年庄稼汉；一边是独守空闺，在心理和生理上都没法得到丈夫满足的小妇人。当黑娃和田小娥通奸的事实被人发现后，郭老爷残酷地惩罚了这对男女，最后却碍于家族情面，让黑娃领走了田小娥。

这对苦命的男女虽然身体饱受摧残，但却获得了心灵的短暂的自由，他们彼此真诚地依赖着对方，情投意合。但是，当黑娃领着田小娥返回白鹿原，想把她娶进门的时候，却遭到了鹿三和白嘉轩的反对。因为他们打听到了田小娥的来历，知道黑娃是在违背宗法伦理的前提下，才得到这个女子的；他们也根本无法接纳一个与人通奸的“荡妇”嫁到家里来。两人被扫地出门，住进了远离村庄的一个破旧窑洞里。黑娃和小娥本以为，自己虽然不能被家族所接纳，但抛开传统的束缚和外人的眼光，小两口依然可以过上自给自足的小日子。但他们想得大错特错。

在小说的后半段，黑娃和田小娥的命运充满波折，也是最为悲惨的。黑娃先是沦落为流寇土匪，在白鹿原掀起的第一场土地革命中砸烂了祠堂，并重重地打伤了白嘉轩；他后来又当了国民党的兵，再后来大彻大悟，浪子回头，重返白鹿原向白嘉轩和父亲认错，整日埋首于四书五经，终于洗心革面；解放战争前夕，黑娃率部起义，加入了解放军的阵营，最后又因为遭人暗算而被政府错杀。

而田小娥更是悲剧中的悲剧。黑娃离开白鹿原后，孤身一人的小娥先是成了色欲迷心的鹿子霖的猎物，后来又被鹿子霖利用，去勾引白家的儿子。事情败露后，田小娥遭受了残酷的宗族刑法以及全村人的唾骂，最后竟然被黑娃的父亲鹿三杀害了。小娥死后冤魂不散，在白鹿原上引起了一场史无前例的大瘟疫，一时间尸横遍野，连白嘉轩的太太都因为瘟疫而死去。最后，白鹿两家的族人联手，将田小娥在窑洞里的尸体挖出来，挫骨扬灰，还盖起一座六角宝塔将小娥的鬼魂镇压，白鹿原的瘟疫才得以终结。

黑娃和田小娥对白嘉轩的挑战，是来自人性本能的挑战。黑娃代表着来自乡村底层的反抗，他反抗的是不平等的阶级划分，是压抑人性的宗法伦理。他闹革命，打土豪，砸祠堂，毁招牌，用暴力来回应所有的压抑，像一颗盲目乱飞的子弹，打伤了别人，也打伤了自己。但最终，却依然没能跳出传统文化的高大围墙。而田小娥是被传统文化的高墙压倒直至断气的殉道者，她的命运是作者在反观乡土宗族文化传统之时，看到的一面最黑暗、最污浊、最血腥的镜子，映照出我们这个民族文化里一个相当残忍的面向。

从当时的革命者以及当代人的眼光来看，黑娃和田小娥是追求人性解放，恋爱婚姻自由的先行者，也是牺牲者。但在白嘉轩眼里，他们则是实实在在的反叛者、挑战者；面对这种最激烈的反叛和挑战，他也只能以最激烈的方式去进行回应。这是黑娃和田小娥的悲剧，也是白嘉轩的悲剧。

来自人性的挑战虽然激烈，但白嘉轩依然能够凭借强大的文化信仰和传统道德去抵挡，去规训，去吸纳。但是接下来的挑战，是来自外部、来自时代的挑战，也是更为强大的思想层面的挑战。这里需要再引出书中另外两个重要人物，白灵和鹿兆鹏。他们俩一个是白嘉轩的女儿，一个是鹿子霖的儿子。

白灵和鹿兆鹏，是白鹿原上的“新人类”，是吸收了共产主义思想和理论的新青年，是全身心投入时代洪流，试图改天换地的革命者。与黑娃不同的是，作为白家和鹿家这两个白鹿原上实力最雄厚家族的成员，他们有经济支援作为后盾，去到更大的城市，接受更新的教育；他们要反对的不仅是代表封建势力的乡村宗族传统，还要面对来自军阀和国民党势力的围剿。

在故事中，鹿兆鹏先是反对自己父母安排的包办婚姻，要求独立自主，后来在白鹿原建立了第一个党支部，创办农讲所，设立农协，传播革命理念，发展党员。国共合作时期，鹿兆鹏成了白鹿原上第一所新式学校的校长，但不久后就因国共合作破裂而转为地下工作者，从此一生颠沛流离，最终不知去向。

而白灵作为白嘉轩最疼爱的女儿，也因为在外求学期间接受了新式思想的熏陶，受到了革命感召，加入革命青年的行列，成为了学校里的政治活跃分子，甚至在国民党的集会上用砖头砸伤教育部长，成了受到政府通缉的“不法分子”。

对白嘉轩来说，白灵和鹿兆鹏都是离经叛道的不肖子孙。白嘉轩对他们充满失望，甚至不惜与女儿白灵断绝父女关系，不仅是因为他们背弃了自己的家庭，更重要的是，在白族长看来，一个家族的年轻后代去关心家族事务之外的社会政治，是不可思议的，关心家庭伦理之外的社会伦理，也是不可理喻的。

但白灵和鹿兆鹏已经提前进入了另一个世界，那个世界是变革的世界，革命的世界，那里有新鲜的事物，新鲜的世界观，新鲜的人际关系。他们所代表的时代精神，已经成为几乎不可逆转的潮流，也是最难“驯服”的挑战。也正因如此，面对这两个年轻人，白嘉轩是无可奈何的，用作者陈忠实的话来说，他们是“白嘉轩那种心理结构所决定的强势，唯一难以呈现自信的对手”。

白嘉轩面临的最后一个挑战，来自他的大儿子白孝文。作为白鹿原的继任族长，白嘉轩最倚重的长子，以及乡约精神最有可能的传承者，白孝文本来是可以成为第二个白嘉轩的，但他并没能做到，反而成为了白嘉轩最薄弱的防线。

为了挫败白嘉轩的道德威望，鹿子霖卑鄙地利用田小娥去引诱白孝文，而年轻的孝文竟也没有守住自己的底线，投向了田小娥的怀抱。此后，白孝文的堕落并没有就此停止，他染上烟瘾，为抽鸦片变卖家产，走向自我放逐。得知白孝文与田小娥通奸的消息时，白嘉轩遭受到了前所未有的，也是最具摧毁性的精神打击。这是他多年来言传身教、用心良苦培养起来的大儿子，也是他几乎全部身家性命和精神信仰的寄托。对于白孝文的堕落，白嘉轩痛心疾首地说：“忘了立身立家的纲维，毁了的不止是一个孝文，白家要毁了！”

面对如此残酷而又沉重的打击，白嘉轩依然没有倒下，强大的精神执念，对宗法文化的永不枯竭的信仰，以及对这片土地的厚重的感情，是支撑白嘉轩面对人心离散、道德反叛、族人离经叛道时的最坚硬的心理框架。白嘉轩这个人，和地理概念上的白鹿原，是融为一体的。只要白鹿原生生不息，他顽强的生命精神，就能不断地从巨大的打击中恢复过来，继续迎接挑战。

评论家肖云儒曾在接受电视采访时，对《白鹿原》进行了非常精彩的评价，在他看来，陈忠实的作品里描写了很多“最早”和“最后”的人物。比如最早一批通过社会运动来改造宗族传统的鹿兆鹏和白灵，最早通过人性解放来冲破封建礼教的殉道者黑娃和田小娥；以及白鹿原上最后一任族长白嘉轩，最后一个忠心朴实的好长工鹿三。

在过去的文学体系中，“最后的人”大部分都是在历史评价中应该属于过去的人，但陈忠实依然写出了这些“夕阳人物”的人性之美。《白鹿原》这部小说深刻地体现了历史的复杂性，“并不是因为你要退出历史舞台，你就显得丑陋。并不因为你走在时代的最前面，你就最善良。历史是复杂的，时代是复杂的，人物是复杂的。这是这部作品最大的好处。”

《追风筝的人》

你别无选择

重返阿富汗的旅程，不仅是为了拯救一个和自己有血缘关系的孩子，也是为了那个曾经为自己挺身而出，并因此遭遇不幸的童年挚友，更是他自我救赎的唯一出路，为自己当年的所犯下的罪孽寻求最终解脱。

在世界畅销书的排行榜单上,《追风筝的人》是一个传奇。这部二十多万字的长篇小说，从出版至今不到二十年的时间里，创造了一组惊人的数字。

《追风筝的人》在美国出版后，就在《纽约时报》的畅销排行榜上停留了长达一百三十周。随后几年的时间里，全世界六十多个国家都引进了这部小说。

与这组辉煌的出版数据形成鲜明对比的，是这本书的主题——阿富汗，一个让人联想到战争、贫穷、难民、塔利班、恐怖主义等一系列负面标签的国家。这些标签并非人们的主观印象，而是这个国家实实在在的历史。

《追风筝的人》的作者是出生于 1963 年的阿富汗作家卡勒德·胡赛尼，是这个国家一系列大动荡的亲历者和见证者。因此，小说的时间跨度涵盖了一系列重要历史事件，包括阿富汗君主制被推翻，苏联入侵，阿富汗难民逃往巴基斯坦和美国，以及塔利班政权的崛起，“9·11”事件等。

我们完全可以把这部小说看成是作者本人的一部自传。它描述了一个名叫阿米尔的阿富汗少年的成长，是一个关于友情、亲情、爱情、信仰和救赎的故事，更是一部关于个人与家庭社会的生活史，还是一部关于个人与国家的政治史。在这个故事里，我们既可以看到阿富汗的文化和阿富汗人曾经美好的生活细节，也可以看到这个不幸的、灾难深重的国家所经历的一系列宏观历史，以及作者对于自己祖国复杂、深厚的情感。

《追风筝的人》是胡赛尼的第一部长篇小说，在此之前他并不是一位专业作家，而是一位医生。与医生这种全然为病人而存在，为他人做奉献的职业相比，作家这个角色则完全体现了胡赛尼人生价值的另一个面向。

在小说的序言里，胡赛尼这样写道："我向来只为一个读者写作：我自己。……于我而言，写作总是服务于我自己，是一种把故事告诉我自己的行动。"

《追风筝的人》也确确实实体现了作者自己所说的这句话，只不过作者自我表达的方式集中体现在了他与个人、社会、国家这三者的关系上。作者表现自我与这三者关系的方式，恰好又是通过这本书中的三个重要人物来完成的。

故事从主人公阿米尔与他父亲仆人儿子哈桑的亲密友谊开始。

阿米尔出生于1963年，是阿富汗首都喀布尔的一个富家子弟。阿米尔的母亲在他出生时因难产而过世，于是从小由父亲抚养长大。阿米尔的父亲是一位经济实力非常雄厚的商人，经营着一家贸易公司，两家药房，还有一家餐厅。

阿米尔和父亲居住在喀布尔的富人区，一栋相当豪华的大房子里，这栋房子光浴室就有四个，地板上铺着大理石，墙面上是精美的马赛克瓷砖和外国进口的金丝挂毯，天花板上挂着好看的水晶吊灯，家具都是红木的，还有很大的落地玻璃窗，窗外是一片占地将近一万平方米的后院和菜园。

和阿米尔还有父亲住在一起的还有两个人，分别是父亲的仆人阿里和他的儿子哈桑。阿里和哈桑父子俩居住在阿米尔家后院一栋简陋的小房子里。这两对父子不仅在经济上分属不同的阶层，在社会阶层上也完全不同。阿米尔和他的父亲是普什图人，属于逊尼派穆斯林。而哈桑和他爸爸阿里是哈扎拉人，属于什叶派穆斯林。从宗教层面来讲，当年的阿富汗是一个逊尼派穆斯林占主导地位的君主制国家，大部分信仰逊尼派伊斯兰教的普什图人占据着这个国家的上层阶级，而信仰什叶派伊斯兰教的哈扎拉人则属于中下层。

不过，在阿米尔的家中，虽然两家人在宗教和社会地位上有所区别，但主仆关系却非常和谐。阿里是阿米尔的祖父收养的孤儿，从小跟着他的父亲一起长大。而哈桑只比阿米尔小一岁，他们不仅是童年玩伴，而且还由同一个奶妈喂养长大。在阿富汗人的社会认知中，喝过同样乳汁长大的人就是兄弟，他们之间不仅有主仆的情分，某种程度上还有亲情。

由于哈桑是哈扎拉人，长相与普什图人的小孩有区别，且先天患有兔唇，因此总是受到其他的孩子欺负和嘲笑。虽然阿米尔是哈桑的主人，年龄比哈桑大一岁，但当他们和别的小孩发生冲突的时候，却总是哈桑替阿米尔挺身而出，为他解围。

阿米尔的父亲对两个孩子都十分喜爱，但往往对阿米尔更严厉一些，总是对阿米尔懦弱的性格感到不满。在两个孩子的成长过程中，阿米尔感情丰富，但是欠缺勇气；哈桑则生性纯良，忠诚且勇敢。

在父亲无法陪伴自己的时间里，阿米尔在早已去世的母亲的书房里找到了自己的一片小天地。阿米尔的母亲生前是当地著名的大学老师，收藏着许多国内外的经典书籍。沉迷书海的阿米尔开始尝试自己写作，但没有得到父亲的关注。唯一给予他理解和支持的，除了忠诚的哈桑，还有一位大人，就是父亲的好朋友和生意伙伴拉辛汗。和严厉的父亲比起来，拉辛汗虽然是成年人，但他对阿米尔非常亲切，他不仅认真阅读了阿米尔的作品，甚至还写信鼓励他继续创作，阿米尔因此在拉辛汗身上找到了父亲不曾给过的关注和信任。

有一天，正当阿米尔和哈桑在外面玩耍的时候，遭遇了当地一伙臭名昭著的恶霸少年。这群少年的带头人是一个名叫阿塞夫的年轻人，阿塞夫是普什图人的后裔，母亲是德国人，他把希特勒视为英雄，在他看来，普什图人才是真正的阿富汗人，而作为异族的哈扎拉人污染了他们的国家和土地，弄脏了普什图人纯洁的血脉。阿塞夫带着轻蔑的态度嘲笑并威胁带着哈扎拉人一起玩的阿米尔。

哈桑上前阻止，为了保护自己的主人阿米尔，他还拿出自己的弹弓与阿塞夫对峙。阿塞夫一伙人见情况不妙只得放弃，但他临走时威胁阿米尔和哈桑，总有一天要好好教训他们。

不久后，喀布尔进入冬季，一年一度的斗风筝大赛即将开始。在阿富汗传统中，斗风筝大赛不仅是儿童们的节日盛会，也是邻里社区和家族之间重要的社交活动。比赛规则非常简单，孩子们要利用自己手中锋利的风筝线，切断其他所有人的风筝线，最终击败所有对手，能让自己的风筝留在天空中的人获得胜利。其余的孩子可以任意追逐掉落下来的风筝，抢到风筝的人，可以将其收下作为战利品。

阿米尔将这次比赛看作是在父亲面前证明自己的唯一机会，因此下定决心要赢得当年喀布尔的斗风筝大赛，而他的得力助手哈桑，也是追风筝的一把好手。最终，阿米尔果真幸运地在比赛中夺得冠军，赢得了父亲的赞赏和全城百姓的掌声。在最后一个对手的风筝掉落的那一刻，哈桑第一时间跑去追逐掉落的风筝。不幸的是，当哈桑好不容易找到那枚风筝，却再次遭遇了阿塞夫一伙人，他们打算抢走哈桑的风筝，但遭到了哈桑的拒绝。怒火中烧的阿塞夫将哈桑堵截在小巷中打伤了他，并对他实施了性侵犯。

在小巷的另一端，这一幕恰巧被前去寻找哈桑的阿米尔全部看在眼里，但由于自身的怯懦和畏惧，以及对于获得战利品继而能够在父亲面前证明自己的渴望，他没有能挺身而出，去拯救哈桑免受暴力侵害。

阿米尔的内心充满了羞耻和愧疚，但他知道自己已经让这样的悲剧发生了，如果把这件事情的真相说出来，他不仅再无脸面对哈桑父子，也会让刚刚对自己感到骄傲的父亲失望之极。于是，阿米尔选择了沉默。

接下来的日子里，阿里和父亲都看出了这两个孩子的明显变化，哈桑变得郁郁寡欢，阿米尔也因为无法走出内心的阴影，变得魂不守舍。面对漫长的痛苦和煎熬，阿米尔想出了一个让哈桑远离自己生活的方法。他偷偷将自己的生日礼物和一沓钞票藏在了哈桑的房间里，并对父亲声称自己的生日礼物丢失了。当大家在哈桑床下发现了丢失的礼物和钞票时，哈桑明知道自己是被故意陷害的，却选择忍气吞声，承认东西就是自己偷来的。

阿米尔原以为父亲会因此赶走哈桑父子，却没想到父亲原谅了哈桑。但是，阿里和哈桑却坚持选择离开，他们不顾父亲的挽留，离开这个生活了十多年的家庭。两个童年好友从此决裂。阿米尔让哈桑离开了自己的生活，但却永远无法做到真正忘记过去，从此背负上了沉重的罪恶感。

在小说的前言中，作者胡赛尼这样写道：“我脑海中有两个男孩，其中一个在情感上和道德上不知何去何从，摇摆不定；另外一个单纯、忠诚，生性纯良正直。我知道这两个男孩的友谊前景黯淡，两人的决裂对他们的生活影响巨大。”

从这个故事中我们可以看到，阿米尔和哈桑是分属不同阶级、不同种族、不同社会地位的孩子，他们的生活原本并不应该产生交集，但却被命运拉扯在了一起。两人之间既有孩子们常有的那种纯粹美好的友谊，也有痛苦和纠结。放风筝和追风筝的意象，象征了两人之间忠诚且脆弱，单纯且复杂的感情关系。

当阿米尔没能保护哈桑免受暴力伤害并选择逃避的时候，他发现自己虽然可以躲开一个实实在在的人，却无法逃脱自己心里的阴影。通过哈桑这个人物，作者表现了自己在个人关系中关于“友谊”这一主题的思考，也引发了接下来整部小说关于“罪恶感”和“救赎”的主题。

在阿富汗普什图人的文化里，父权占据着主导地位，由此产生了父子之间不太融洽的亲情关系，以及刻意掩盖的真实。阿米尔在童年时期背叛朋友的真实动机，也来源于父子关系中的疏远和不安全感，以及迫切渴望得到父亲的爱与认可的“不平衡”心态。小说围绕“为了获得父亲的爱而背叛朋友”这一情节展开，主人公在经历了更多世事之后逐渐觉醒，去寻找生命的救赎，去寻找“成为好人的路”，这和莎士比亚一些作品中的情节有共通之处。

在接下来的故事中我们将会发现，阿米尔和父亲的关系也代表着一个独立个体与他所在的社会之间的互动关系。

时间到了1981年，在这一年，苏联和阿富汗的战争已经进行到了第二年。阿富汗这个国家已经深深陷入动荡和不安之中。为了逃避战乱，父亲和阿米尔不得不最终离开那个祖祖辈辈生活着的故乡阿富汗。父子俩几经辗转，来到了美国的旧金山，这里成了他们的第二个家园。

对阿米尔来说，美国是个埋葬往事的地方；对他的父亲来说，美国是个哀悼过去的地方。家乡喀布尔是传统的，保守的，那里埋藏着阿米尔美好和不堪的记忆，如今却已经成了一座鬼魂之城；而美国是强大的，丰富的，包容的，像一条河流奔腾前进，往事不会有人提起。

在这片自由的土地上，阿米尔和父亲不得不重整旗鼓，白手起家。阿米尔继续追寻着自己的文学梦想，如愿进入大学开始学习写作，并成为了一名职业作家，不仅获得了事业，还收获了爱情和家庭。然而就在此时，阿米尔的父亲不幸患上了癌症。

在父亲弥留之际，阿米尔失声痛哭，不知所措，他问父亲今后应该怎么办，父亲却严厉地对他说："你二十二岁了，阿米尔！一个成年人了！……你会碰到什么事情，你说？这些年来，我一直试图教你的，就是让你永远别问这个问题。"

对阿米尔来说，父亲这个角色带给他的东西也正是这个阿富汗社会带给他的东西。这其中包含了血缘、财富和社会地位，也包含了限制、束缚和社会压力。阿米尔与父亲的关系，正反映了他与这个社会的关系。在他成长的过程中，父亲随心所欲地打造着他身边的世界，他是成功的商人，是有社会责任感的企业家，也是一个大男子主义者。父亲希望阿米尔不但能够继承他的遗产，也能够继承他的精神，成为一个像他那样的人。但阿米尔显然让他失望了。

在阿米尔生命的大部分时光里，他对父亲敬若神明。但当父亲对阿米尔刻意疏远，甚至反对他表现出来的某些天赋的时候，阿米尔又“恨不得能扯开自己的血管，让他那些该死的血统统流出我的身体”。

父亲之于阿米尔，正如同整个阿富汗社会之于独立的个体。由于保守的宗教习俗和强势的社会规范，这个社会很难让阿米尔这样的人顺利地融入进去。但阿米尔并没有放弃，他依旧迫切地想要向父亲以及这个社会证明自己。

当年阿米尔立下决心要赢得那场斗风筝比赛，甚至不惜背叛自己的亲密伙伴哈桑，让他惨遭欺凌，他这么做并非是全然为了自己。在阿米尔看来，那个象征着荣誉和赞美的比赛，是童年时期的他向父亲和这个社会证明自己的唯一机会，可以让他成为一个“被注目而非仅仅被看到，被聆听而非仅仅被听到的人”。

战争和动荡虽然摧毁了他们的家园，但却给了父子俩从密闭的社会环境中脱离出来的契机。美国是父亲送给阿米尔最后的礼物。父亲离开时是希望阿米尔在这里不仅能找到拓宽未来的机会，也能够寻回直面过去的勇气。反观过去，阿米尔需要直面的，是自己曾经试图逃避的罪孽，以及那个灾难深重的国家。

2001 年，全世界都掀开了千禧年的新篇章，阿富汗却仍然麻烦不断，战乱不止。此时的阿米尔已经来到美国整整二十年了，他的作家生涯一帆风顺，同时还娶了一位美丽的阿富汗姑娘为妻，但由于身体原因，阿米尔和妻子没有下一代。

某天，阿米尔接到了一个意外的电话。电话那头是父亲当年的好朋友，同时也是第一个让阿米尔意识到自己的写作天赋，鼓励他走上作家道路的人，拉辛汗。这通从遥远的巴基斯坦打来的电话，就此改变了阿米尔的人生道路。

阿米尔匆匆赶往巴基斯坦后，见到了重病缠身的拉辛汗。怀念之余，拉辛汗还告诉了阿米尔一系列令他悲痛万分的消息。父亲当年的亲密仆人阿里在战乱中被地雷炸死，而哈桑已经娶妻生子，当年阿米尔和父亲离开喀布尔之后，拉辛汗将他们的大房子交给了哈桑一家三口保管。不幸的是，1996 年塔利班掌握政权后开始在阿富汗实施暴政。1998 年，塔利班在阿富汗各地大规模屠杀哈扎拉人，他们试图抢占阿米尔家的房子，哈桑和妻子挺身而出极力阻止，却被当街杀害。

正当阿米尔为童年好友惨死的消息而悲痛欲绝，拉辛汗又告诉他，哈桑的儿子索拉博目前仍然生活在喀布尔的某家孤儿院里。而父亲的仆人阿里实际上患有不育症，也就是说哈桑并非阿里所生，而是阿米尔父亲的私生子，他和哈桑不仅是由同一个奶妈带大的孩子，更是同父异母，有着同样血缘的兄弟。

阿米尔被这个隐藏多年的秘密震惊了。但转瞬之间，他也明白了很多当年难以理解的事情：为什么父亲总是记得哈桑的生日，为什么父亲要专门请大夫治好哈桑的兔唇，以及为什么当年阿里和哈桑执意离开这个家的时候，平日里坚强如铁的父亲会像个孩子一样失声痛哭。原来父亲对于阿米尔的严厉，以及对于哈桑超出常人的照顾，是出于一种补偿的心理，一种无法言说的纠结。因为如果在保守的阿富汗社会公开这个秘密，不仅会毁了父亲自己的名誉，也会毁了阿里的名誉。

已经时日无多的拉辛汗，此时又对阿米尔说出了他最后一个临终遗愿。他希望阿米尔重返喀布尔，去孤儿院找到哈桑的儿子索拉博，将他带回美国。阿米尔陷入了深深的痛苦，喀布尔如今正处于最恶劣的战乱之中，即使是阿富汗人，回到那里也需要冒极大的风险，甚至有可能失去生命。这意味着阿米尔要失去自己在美国安稳的生活，自己的妻子、家庭和事业。

经历了痛苦和纠结的思想斗争，阿米尔最终下定决心做出了选择，他打算返回阿富汗。这趟旅程不仅是为了拯救一个和自己有血缘关系的孩子，为了满足一位亲密长辈的临终遗愿，也是为了哈桑，为了那个曾经为自己挺身而出，并因此遭遇不幸的童年挚友。与此同时，这也是阿米尔自我救赎的唯一出路，为自己当年所犯下的罪孽寻求最终解脱，终结那个从自己父辈开始的悲剧轮回。

阿米尔一路颠簸，最终辗转来到阿富汗。回到故乡喀布尔的时候，他被眼前的景象震撼了。阿富汗几乎没有道路了，到处都是巨大的弹坑、瓦砾和废墟。这里没有树木，由于资源短缺，那些树在冬天都被人们砍下当作柴火烧掉了。这里没有男人，战争把父亲变成了一种稀缺物品。这里没有灯火，夜晚唯一的亮光只有闪烁的星星和隆隆的爆炸。这里只有无数的乞丐，无数的难民，无数的流浪儿童，无数的残垣断壁，四万人在这座没有电的城市里挣扎，或者默默死去。儿童失去父母，失去童年；父母失去孩子，失去家园。这个国家所承受的沉重的苦难，正如几十年来压在阿米尔心头的那份愧疚和罪责，让人喘不过气来。

当阿米尔在友人帮助下，好不容易找到那个收留儿童的孤儿院，却得知索拉博已经在一个月前被一名塔利班官员带走了。阿米尔打探到这名塔利班首领的住所，鼓起最后的勇气，独自一人前往恶魔的巢穴。

阿米尔来到首领的家中与其会面，令人倍感意外的是，这个塔利班领导人正是那个当年对哈桑施暴的恶霸少年阿塞夫。阿塞夫将年幼的索拉博囚禁在自己家中，供他享乐。见到来人是阿米尔，阿塞夫竟然同意他将索拉博带走，但条件是两人必须进行一场决斗，如果阿米尔赢了，就可以将小男孩带走。

当阿塞夫命令自己的侍卫退出房间后，毫无格斗经验的阿米尔被阿塞夫打得几乎快要丧命，在关键时刻，小男孩索拉博用弹弓打瞎了阿塞夫的眼睛，两人趁乱成功逃了出来。

之后，阿米尔返回巴基斯坦养好了伤，在使馆人员的帮助下，几经波折，最终将索拉博带回了美国，并收养了他，开始了新的生活。

阿米尔和索拉博，他们是阿富汗的孩子，也是阿富汗的孤儿，是从国家战争的巨大断裂带中幸存下来的人。在小说的最后这个部分中，索拉博象征着阿米尔痛苦的过去，也是这个苦难的国家。他们都是遍体鳞伤的人，一个虽然早早逃离了这个国家，但因曾经犯下的罪孽而夜不能寐，充满愧疚；一个对过往的黑暗忍气吞声，照单全收。

但是，面对这个饱经沧桑、充满不幸的国度，以及这个残酷的故事，作者胡赛尼依然选择给自己，也给读者留下了一丝似有若无的光明。那一线光明正如同一根闪亮的风筝线，纵使它不幸断裂了，依然有那些心怀不灭信念和勇气的人们，去将另一头掉落的风筝追寻、捡起，重拾希望。

《少年 Pi 的奇幻漂流》

人性就是神的作品

人之所以为人，是因为我们是有感情的动物，我们会留恋、纪念逝者，我们会爱，也会因为感情的挫伤而无法自拔。信仰正是我们应对现实的一种方法。与生存法则周旋，让自己存在下去，成为人性的承载者，就是对神的终极敬畏。

《少年 Pi 的奇幻漂流》的开篇有这样一句话："这个故事可以让你相信上帝。"

什么样的故事，可以让人相信上帝呢？这个故事的神性体现在什么地方呢？

《少年 Pi 的奇幻漂流》是加拿大作家扬·马特尔的长篇小说，这部小说曾经获得 2002 年度布克奖及其他众多奖项。不过，让少年 Pi 这个名字家喻户晓的，是把《少年 Pi 的奇幻漂流》改编成电影的著名导演李安。这部同名改编电影上映于 2012 年，不仅为李安赢得了继《断背山》后的第二个奥斯卡最佳导演奖，也成了李安所有电影作品中票房最高的一部影片。这部投资 1.2 亿美元的 3D 电影，最终获得了超过 6 亿美元的全球票房，被《时代周刊》评为年度十佳影片之一。

作为一部被打上"奇幻 / 冒险"标签的商业电影，少年 Pi 的故事似乎很符合好莱坞的套路：一个男孩遭遇海难后独自漂流，救生艇上还有一只随时可能夺他性命的猛兽，最终他凭借自己坚强的毅力和求生欲，顽强地生存了下来。

当然，对李安这个文艺大叔来说，马特尔的故事打动他的地方，绝对不是这样一个简单的套路，他在原著中看到了更深层次的面向：一个关于人在绝境中寻求生存和救赎的心灵史，一个关于信仰何以成为人类精神必需品的哲学故事。这同样是马特尔这本小说最重要的内核。

无论是李安的电影，还是马特尔的小说，都很好地找到了商业和艺术之间的平衡点。《少年 Pi 的奇幻漂流》是李安电影题材中最特别的一部作品，不仅收获了漂亮的票房成绩，也赢得了全球观众的口碑。而对原著作者马特尔来说，少年 Pi 的故事畅销全球，不仅给他带来了丰厚的物质回报，也为他赢得了一个非常重要的文学奖项：布克奖。这个奖被认为是当代英语小说界的最高奖项，也是世界文坛上影响最大的文学奖之一。

英国是一个文学大国，产生了一大批文学史上赫赫有名的大作家。但是英国人有一个倾向，就是他们很推崇所谓的严肃文学。英国人设立的布克奖有一个硬性条件：这个奖项只颁给英国、爱尔兰以及英联邦国家的作者，包括加拿大、新西兰、澳大利亚等国，但唯独美国作家不能参与。为什么呢？就是为了抵制以美国为代表的，一种将文学娱乐化、庸俗化的倾向。

英国人这个做法虽然看起来很“傲娇”，但实际上他们对文学很有包容性。布克奖一个很重要的精神，就是鼓励无边界创作，推崇创新。这使得许多思想自由、文体新颖的作品纷纷出现，形成了一种百花齐放的文坛格局。还有一点，就是虽然英国人推崇严肃文学，但他们并不反对商业。相反，这个奖项非常强调商业和文化效益的双赢，致力于推动文学的商业化，充分开发每一部作品的市场潜力。

《少年 Pi 的奇幻漂流》这部小说从一位不得志的作家的视角开始，这位加拿大作家遇到了创作瓶颈，日子都快过不下去了。于是他选择去印度散心，寻求一些新的创作灵感。来到印度后，作家在酒吧偶遇了一位老人。闲聊中，老人一听这个来自加拿大的老外是个作家，就兴奋地告诉他，自己认识一个非常有意思的人，叫帕特尔，你一定要去见见他，这个帕特尔的故事“能让你相信上帝”。作家于是找到了这个叫帕特尔的中年人，他就是故事的主人公少年 Pi。

来到帕特尔家里，作家掏出笔记本，开始认真聆听帕特尔的故事，小说进入帕特尔第一人称视角。帕特尔出生于印度，Pi（π）这个名字是他给自己起的外号。Pi 的父亲是个动物园园长，作为园长的儿子，Pi 的童年是丰富多彩的，动物园就是他家的后花园，在那里的经历给他留下了最美好的童年回忆。

他也是个充满好奇心的小孩，不仅对动物园里各种各样的动物充满浓厚的兴趣，而且还主动探索着动物园之外的世界。除了各种各样的科学知识和动物他最感兴趣的东西就是宗教。

他对宗教的兴趣不仅仅停留在观察和学习的层面，还亲自投入其中，照猫画虎地模仿着每个宗教的礼拜仪式。

在这个过程中，Pi 竟然形成了一套奇特的、包罗万象的世界观和价值观。他不仅能理解进化论的科学观点，还接受了印度教、基督教和伊斯兰教这三种在外人看来完全不同的宗教理念。这让他的父母和老师大吃一惊，也让那些给他传教的神父感到难以接受。

正当 Pi 沉浸在自己对现实世界和精神世界的双重探索中乐此不疲，父亲却忽然决定卖掉动物园，带着全家人移民加拿大，开始新的生活，原因是印度动荡的政治让父亲的生意难以正常进行下去了。于是一家人在 1977 年的夏天，带着一批将要出售到北美的动物，踏上了远赴加拿大的一艘日本货船，与自己的家乡告别，远渡太平洋。

这次旅程，是少年 Pi 人生中最奇幻的一次经历，也是一场噩梦。进入太平洋后的第四天，轮船遭遇了一场暴风雨，船沉了。慌乱之中，Pi 被船员扔到了一艘救生艇上。风暴过后，Pi 恢复了意识，这时他才发现，这场海难中似乎只有他一人生还，但在救生艇上除了他，还有四只动物：一条斑点鬣狗、一头受伤的斑马、一只红毛猩猩，以及一头成年孟加拉虎。

故事接下来的部分，是一场艰辛且残酷的生存斗争。鬣狗先是咬死并吃掉了受伤的斑马，后来又和红毛猩猩发生了冲突并杀死了猩猩。接着鬣狗又被一直没有露面，藏在船身底下的孟加拉虎咬死了。至此，只剩下 Pi 以及那个叫作“理查德·帕克”的孟加拉虎生存了下来。为了让这头凶猛动物不杀死自己，同时也为了让自己在一望无际的大海上生存下去，Pi 用尽了所有可能的方法和手段，和这头凶猛的野兽斗智斗勇，最终彼此找到了一种共生共存的相处方式。

漂流中，当 Pi 即将弹尽粮绝，几乎无法生存的时候，却意外地发现了一座绿色的浮岛，浮岛上空无一人，但有大量可以食用的海藻和淡水，还有成千上万只海狸生活在此。Pi 和理查德·帕克登上小岛吃饱喝足后，本打算在这里休养生息等待救援，但 Pi 却意外地发现这个岛竟然是一座以人和动物为给养的“食人岛”，惊恐万分的 Pi 马上带着理查德·帕克匆匆离开了这座小岛。

终于，在这场海难发生后的第二百二十七天，少年 Pi 和理查德·帕克漂流到了墨西哥海岸上，他们竟然都难以置信地活了下来，理查德·帕克消失在了海边的森林里，而 Pi 昏迷了过去，最终被当地人发现，并带到了附近的医院进行救治。

不久后，两名日本交通部门的官员为了调查货轮沉船事故，专程来到墨西哥，探望还在卧床休息的少年 Pi。他们告诉 Pi，他是这场不幸的事故中唯一的幸存者，而他们此次前来最想知道的事情就是沉船的原因，以及他究竟是如何生存下来的。他们打开录音机，Pi 把自己的经历详细地告诉了他们。

但两个日本人却很难相信他的故事，不断追问这个故事的真假，于是 Pi 又告诉了他们另一个版本的故事：这个故事中没有动物，救生艇上一共有四名人类幸存者，包括轮船的厨师、一名受伤的船员、Pi 的母亲以及 Pi 自己。这是一个更惨烈，更血腥的故事：迫于生存，厨师先切掉了受伤船员的腿当作鱼饵，接着又杀害船员和 Pi 的母亲来作为食物。最后 Pi 杀死了厨师并吃了他，然后独自一人凭借顽强的毅力生存到了最后，直至被人救起。

调查员发现了这两个版本的故事之间的联系：鬣狗是厨师，受伤的斑马是船员，猩猩是 Pi 的母亲，而老虎就是 Pi 本人。但是，由于无法知道货船沉没的原因，也没法证明 Pi 所说的两个故事的真实性，两名日本调查员最终放弃了对这起事件的调查。小说的最后，Pi 问他们，既然这两个故事在你们看来没有什么不同，而且也没法证明事情的真相，那么你们更喜欢哪个故事？两人回答，他们觉得动物版本的故事更好。Pi 说："谢谢。和上帝的意见一致。"

作者马特尔用四年时间，为我们呈现了一个真实、残酷、魔幻的梦境。导演李安将这个梦境拍摄成了一部震撼人心的 3D 电影。而这部小说，则是作者用文学的方式创造的原始梦境，是他自己的梦，也是一个能在其他人心灵深处引发强烈共情的梦。

在这个梦中，有三个重要场景。

第一个场景的关键词是"动物园"。马特尔是一个非常善于用动物形象来承载他文学表达的作者。他曾在一次采访中提及：“动物是一种非常丰富的文学工具，尤其是野生动物，往往是极佳的隐喻，我以谈论动物的方式，为我们自己、为人类写作。”

在我们的童年印象中，动物都以一种相对单纯的形象存在着：懒惰的小猪、狡猾的狐狸、凶猛的狮子、聪明的乌鸦等这些性格标签，都是人们出于某种特定的目的，投射在这些动物身上的主观臆想。但这些都不是真相，我们用加了滤镜的眼光去看待动物，实际上并不能让我们更好地了解它们的本质。

在少年 Pi 的故事中，马特尔则打破了对动物的那种老套的表现方式。在少年 Pi 看来，动物是自由的、优美的，是自然的伟大造物，是为我们这个星球增添了无限光彩的生命形式，动物园对他来说是宛如人间天堂般的存在。但父亲告诉他，动物的本性是截然不同的，野生环境中的动物生活在一个“有很多恐惧却只有很少的食物，需要不断保卫地盘，只能永远忍受寄生虫的环境中”。动物是保守的，残酷的。

马特尔以一种如同动物学家般冷峻而客观的态度，为我们呈现了动物的真实面貌，告诉我们这些美丽的生灵并非我们的童年美梦，如果相处不慎，它们就会变成噩梦。有国内媒体曾这样评价马特尔，认为他小说的魅力“在于他尽可能地融合各种界限，包括动物与人类社会的界限，原生文化与现代文明的界限，以及不同文化的异质”。

虽然人类学会了用经验去驯化动物，用科学的方式增进了对它们的了解，但从另一个角度来看，我们人类自己也是动物，在人类社会这个大“动物园”里，我们貌似并没有学会很好地处理不同文化、不同背景、不同国家之间的复杂关系。

在面对这个困惑的时候，我们故事的主人公少年 Pi 发现了宗教，他把自己投身到各种宗教信仰之间，去发现，去模仿，去体验。关于宗教和信仰的这个话题，我们暂且放到最后一个部分再来详细说。因为当第一个梦境里的故事推进到这里时，很快被第二个场景打断了。

第二个场景的关键词是“太平洋”。上一部分是关于人和动物的故事，在太平洋这个极端的环境中，则展开为一场更具张力的生存冒险。

在描写海难和少年 Pi 的生存斗争这一点上，小说中出现了大量细节，比如海难发生的具体时间和地点，救生艇的具体规格尺寸，主人公在救生艇上发现的救援物资，包括每一项物资的具体数量和使用方法等，还有在太平洋中遇到的各种海洋生物，以及少年 Pi 在求生过程中不同阶段身体状况和心理变化的描写。作者在每一个地方都提供了极为丰富的细节，让读者充分感受到，主人公在漂流过程中所使用的每一个道具，所经历的每一个事件，以及身体上和心理上发生的每一次变化。

还记得那只孟加拉虎的名字吗？理查德·帕克。实际上，它来自一个历史事件中真实人物的名字。事件发生在 1884 年英国维多利亚时代，一艘名叫“木樨草”号的货船，启程从英格兰前往澳大利亚，航行途中遭暴风雨袭击发生了海难，四名船员逃到了一艘救生艇上，在大西洋上孤立无援。几天后，其中两名船员为了生存，杀死并食用了另一名船员。其余三人在海上漂流了二十四天之后，被一艘德国船只发现并救起。

回到英国后，这起事件引发了有关食人在内的一系列法律和伦理争议。英国政府以谋杀罪起诉了两名杀人的船员，他们被法院判处绞刑，但考虑到当时大部分民众对两人表现出的同情，同时基于人道主义立场，英国女王特赦了两人，将死刑改为监禁半年。

但自此之后，英国建立了一条法律论述：紧急避难并不能将谋杀行径合理化。也就是说，即使在客观环境危及自身性命的情况下，一个人也不应该为了生存而谋杀他人。这起事件成为了英美法系中的一件经典的案例，而在这个真实的历史案件中，那名被杀死的船员，名字就叫作理查德·帕克，他死亡时的年龄是十七岁，正好与小说中少年 Pi 遭遇海难的年纪一样。这种情节安排无疑不是巧合，而是马特尔有意为之的。

也许一些人在看完了少年 Pi 的小说或电影之后，会出于各种原因，认为 Pi 所讲述的第一个版本（有动物和食人岛的故事）虽然夸张，但也有可能是真的。

我的看法是，第一个故事肯定是假的，第二个故事才是真的。在漂流故事的后半段，少年 Pi 在太平洋中登上了那座绿色浮岛，靠它拯救了自己和理查德·帕克已经奄奄一息的生命，这一处情节安排正是整部小说中最“魔幻”的部分。当Pi发现这座给他们提供了食物和淡水的浮岛，是一座汲取其他动物生命的“食人岛”时，一切就一目了然了。

这个想象中的岛屿，正是Pi内心深处痛苦不堪的道德象征——他必须用他人的生命，来换得自己的生命。而为了激发出自己的生存本能，激发出人类内心深处最原始的兽性，Pi不得不将自己分裂成理查德·帕克：一个陆地食物链顶端的猛兽，一个茹毛饮血而不需要任何理由和道德困惑的动物。

当海难发生后，当少年Pi孤立无助，独自一人面临生存危机时，作者给Pi安插了这样一段心理描写：

> 有些人只是顺从地叹一口气，便对生命绝望了。另一些人斗争了一会儿，然后便失去了希望。还有一些人——我便是其中一个——却从不放弃。我们不断地斗争、斗争、斗争……我们一直斗争到底。这不是勇气的问题。这是与生俱来的，不愿放弃的能力。也许这只是一种渴望生命的愚蠢。

但是，如果没有理查德·帕克，如果没有来自人内心深处出于动物本能的、对生命不愿放弃的渴望，Pi就活不下去。往大一点说，人类作为一个物种，也就无法继续存在下去了。所以，当Pi最终获救的时候，他说：

理查德·帕克，谢谢你。谢谢你救了我的命。现在到你要去的地方去吧。这大半辈子你已经了解了什么是动物园里有限的自由，现在你将会了解什么是丛林里有限的自由……你会永远和我在一起，在我心里。

小说最后一个场景的关键词是“真相”，也是小说最精彩，最引人深思的一个部分。Pi 最后告诉日本调查员的“真相”有两个，调查员认为“有动物的故事更好”，Pi 说“和上帝的意见一致”。

这是整部作品最重要的一段对话和细节，也带出了有关宗教的话题。有一种观点认为，少年 Pi 是一个关于信仰如何拯救人类于困境之中的故事，这个说法没错；但如果我们认为他最终得救，是因为对印度教、基督教、伊斯兰教坚定不移的信仰，这些宗教的神大发慈悲，合力拯救了这个虔诚的少年，那么我又认为这个观点是有问题的。

Pi 最后感谢的是理查德·帕克，也就是他自己。是他自己强大的、残酷的，甚至可谓不择手段的生存本能拯救了他，而绝非上帝。但最大的疑问是，宗教信仰对 Pi 来说意味着什么呢？为什么第一个故事才是“和上帝的意见一致”的故事呢？

在讨论这个问题之前，我们先来回答另一个问题，作者为什么要将主人公命名为“Pi（π）”？在我看来，这个名字是小说中最重要，同时也最容易被人忽略的意象。我们都知道 π 是个无理数，作者马特尔使用 Pi 这个名字，并不是为了说明它代表着人类对科学理性的不懈追求；正相反，他要用这个意象来说明科学和人类理性代替不了的东西，也就是“信仰”的必要性。

为什么这么说？我们可以将 π 这个无限不循环的数字，理解为人类的内心。借用台湾电影《大佛普拉斯》里的一句台词：“现在已经是太空时代了，人类可以搭乘太空船到达月球，但却没办法看穿每个人心里的宇宙。”

信仰的必要性在于——如果我们从一种比较功利的角度来看的话——它是人类发明出来的，一种应对变化无常的命运的生存手段。人之所以为人，是因为我们是有感情的动物而非人工智能，是因为我们不仅仅懂科学，能做复杂的运算，更重要的是我们会创造看似“无用”的艺术，我们会留恋、纪念那些死去的人，我们会爱，也会因为感情的挫伤而无法自拔。信仰，正是我们应对现实的一种方法。

人类是这个世界上最复杂的动物，“无限不循环”的少年 Pi 所经历的残酷的真实世界，以及他创造出的瑰丽的奇幻世界，这两者都是生活的真相。但第一种真相太过狰狞了，在这种版本中，我们在野生环境中像动物一样，一切都是不得已而为之的结果；为了保护自己，我们必须创造出另一种“真相”来激励自己，从而更好地生活下去。

两个故事对照之下，关系一目了然。第一个故事里有凶残的猛兽，却充满生存下去的希望。动物是人类精神的投射，帕特尔动用与老虎、斑马有关的知识来塑造这些动物，为的是伪装、回避可怖的事实，给最绝望的部分打上马赛克，只这一点，就是人性的，甚至是神性的，这个故事里有“人”。第二个故事里只有人，没有动物，却可怖至极，呈现的是人在极端环境下被激发出的动物性，这个故事里没有“人”，更没有“人”的注视，把这样的故事讲出来是残忍的。

那么，那只老虎到底是谁呢？它显然不是厨子的化身，因为厨子并不是最后的幸存者。那只老虎是主角帕特尔心中所有复杂的情感，绝望、希望、残忍、善良、罪恶感、求生欲的总和，在非常态的情况下被激活，和帕特尔对峙、激励、互相驯养，甚至成为他的伙伴，解决他的孤独感，一旦生活又一次走上轨道，它就悄悄消失。

它并非凭空产生，而是帕特尔过去经历和思想的凝结体，这才是小说第一部分，那些与动物、宗教有关的篇章存在的意义，它在说明这只老虎的来历，说明了即便在绝境中，帕特尔依然是用自己过去的知识塑造它。

两个故事里，人性和动物性在互相照镜子，虚虚实实，真真假假，就像帕特尔的父亲设在动物园里的那个小把戏——“最危险的动物”标牌后面，是一面镜子。

而我们得选择那些有“人”的故事，给故事投以“人”的注视，这是《少年 Pi 的奇幻漂流》开篇那句话的来历：“这个故事可以让你相信上帝。”人若在，神就在。真正体现出人的信念和勇气的，不是故事里那些人的所作所为，而是听故事的人对故事的选择。

这部小说让我想起科马克·麦卡锡于2006年9月出版的第十部小说《路》，讲述的是核战争之后一对幸存的父子的长途跋涉，这部小说被视为他最精彩的作品，后来获得普利策小说奖，还被奥普拉选为“奥普拉读书俱乐部”的推荐图书。《路》探讨的是人和神的关系，人的路走到了尽头，神的路在何方？科马克·麦卡锡给出了技术性的希望：活下去，随身携带着火种和神，等待神的重新降临、转移和交接：“她说上帝的呼吸就是他爸爸的呼吸，虽然上帝的呼吸会从一个人转移到另一个人身上，直至天荒地老。”我们随身携带着神，不问，不说，只是像《路》中的人那样，面无表情地走下去。

人之不存，神将焉附？与生存法则周旋，让自己存在下去，成为人性的承载者，就是对神的终极敬畏。这是《少年Pi的奇幻漂流》中被作者当作核心章节的第21章里，“存在”“最终目的”“爱的认识”所宣示的意义。

在故事的开始，也是故事的最后，帕特尔重返人的世界，长大成人，建立家庭，抚育儿女，存在还在延续，“这个故事有个幸福的结局”。

在接受国内媒体的采访时，马特尔曾说过这样一段话：

> 艺术冲动始于艺术家对世界的不适感……创作艺术——无论是小说、油画还是音乐——就是从虚无中创造事物，从无意义中创造意义。你会觉得那就像年轻的上帝在创造生命。……想象力是人类独有的特征。它允许我们站在新的位置去观察不同的世界。这也是改变事情的唯一方法。任何改变——科学的、社会的，以及政治上的——首先发生的都是想象力的飞跃。

说到这里，我想我们可以对前面提出的疑问做出解答了：为什么第一个故事才是“和上帝的意见一致”的故事呢？因为Pi虽然依靠理查德·帕克得以生存，但如果他要继续生活——要克服那些痛苦不堪的回忆；要从残破的历史废墟中爬出来；不再沉浸于过去犯下的罪责中无法自拔；重新找到自己的位置、确立生活的目标——就只能依靠信仰。

因为，人性就是神的作品。人性，不管是怎样的人性，其实就是神性。

艾丽丝·门罗

用小说钻探出生活深渊

这也是门罗小说最易被人误解的地方，人们以为她书写的是小镇生活的丰美恬静，至多有点淡淡的悲哀，但她写的却是自我审视的目光钻探出的深渊，是发掘出生活中的骇人之处，却又用一种生活化的方式去描绘它。

艾丽丝·门罗的许多小说都提到过休伦湖，她笔下的人物总是沿湖搬来搬去，休伦湖是她小说世界的圆心，是小说中人物的共同话题。

关于这个在门罗小说中若隐若现的湖，我特意去查了下资料，它在北美洲五大湖中排名第二，湖中颇多岛屿，湖岸有沙滩、礁石和森林，是风景秀美的度假胜地。门罗生活的安大略省，就在这个湖的东边和北边。

她出生、成长于安大略省的小镇文海姆，其间一度离开，去大学读书，在大城市生活，做驻校作家，20 世纪 70、80 年代还曾四处游历，甚至来过中国，但最后还是和第二任丈夫一起在休伦湖边的小镇定居。显然，休伦湖和经常出现在她小说里的小镇、饲养狐狸的父亲一样，都真实存在于她的生活里。

生活在秀丽或不那么秀丽的小镇上，都要接受两种目光，一种是“游客凝视”，那是一种来自外来者的，以假想开始以假想结束的目光，在外人看来，小镇生活悠闲平静，人际关系散淡，并用这种假想解释一切，如果小镇上发生了耸人听闻的事，会被视为对宁静生活的破坏。另一种却是小镇上那些聪颖者的自我审视，他们看到的，则是这种平静生活里狰狞的一面，尤其是当外来者呈现了一种生活可能，而他们却只能固守现有的生活里，并被封印在外来者的想象里时，这种狰狞被加深了。

这也是门罗小说最易被人误解的地方。因为门罗的生活背景，人们常对她投以"游客凝视"，以为她书写的是小镇生活的丰美恬静，至多有点淡淡的悲哀，所以称她为"当代契诃夫"，但她写的，却是自我审视的目光钻探出的深渊。

她的一部分小说比较接近人们对她的想象，例如她在1968年出版的第一部小说集《快乐影子之舞》。这本书里的十五篇小说，从题材上看更接近风俗志和青少年生活回忆，片段感强烈，又清淡天然。书中的《沃克兄弟的放牛娃》一篇里，小女孩跟着当推销员的父亲去开展业务，却遇上父亲的前情人；《亮丽家园》里，一群八婆试图赶走住在社区里的潦倒老妇，女主人公拒绝了她们的投票邀请；《办公室》里，女人租了间房子当作写作工作室，却被男房东骚扰；《杀马》里，小女孩放走了即将被杀掉的马，父亲却并没责怪她。《快乐影子之舞》则略有怪异之感，讲述镇上有位老小姐，平时教授钢琴，时不时举办钢琴演奏会，有一天她请了一群智障孩子来表演，这场演奏"是她生活的另一个世界发出的公告"，这样做的结果是，她打破了小镇女人们的小体面和安全感，而被彻底放逐出了女人们的圈子。

她此后的中短篇集《女孩和女人们的生活》《好女人的爱情》《恨，友谊，追求，爱情，婚姻》和《爱的进程》中，也有许多“休伦湖风俗志”式的小说，只是结构更完整，情节更饱满，文字更精致，她也开始频繁使用一种电影式的结构方式，越来越熟练地用一个女人（她绝大多数小说的主人公都是女人）几十年生活里的几个片段，将她的一生进行概括，例如《恨，友谊，追求，爱情，婚姻》里女管家的一生。她的写作风格就在这些小说里慢慢成形。

一个隐蔽的、也是永恒的主题，也在这些小说里反复出现：被小镇拴住的人们内心的崩坏。他们总是因为贫穷、被家人拖累、缺乏能力和勇气、热爱小镇等原因，久留在同一个小地方，内心深处却满怀渴望，以为生活会被某个机遇激活。这个机遇或者没有来，或者以一种邪恶的面貌出现了。她起先是借着外来者的目光打量小镇，给出他们想要的，后来却有了更多内视，只给出自己想给的。

《爱的进程》中的母亲，陷在单调的生活里：“你们的妈妈只有天花板上的污渍可以看。”她女儿也觉察了这点：

对于母亲的闲聊和故事，我一直有一种感觉，它们后头有什么东西膨胀着，就像一个你无法看透，找不到尽头的云团。有一团乌云，或者一剂毒药，侵入了母亲的生活……当我让母亲难过的时候，我也成了它的一部分。

偏偏有群嬉皮租了他们的房子，成立了一个公社，过着放诞不羁的生活，她女儿知道他们其实无意嘲弄她父母的生活，“但她依旧希望它们失败”。

被生活败坏的母亲终于做出了崩坏之举，她烧掉了父亲留下的一大笔钱。这件事成了一个接力棒，交给了她女儿，她女儿认为，自己生活的崩塌就是从这件事开始的。

作家淡豹在评论门罗小说时说：“门罗写的是 life，汉语中，life 是生活也是生命，这两个词的含义如此不同——活是过日子，命是动力，两种都是伦理，我觉得门罗写的就是二者骤然打通、生活变成生命的那些悲剧 / 惊异 / 冲突与启示的时刻，此前生活中多的是权宜盖住的洞，人使劲儿，凑合，忍，等，然后发生了一些什么，人得动起来了，然后又发生了一些什么，我们离遥远近了一些。”

这个主题，在她的另一部分小说里发展到了极致，正是这些小说，让她的创作被视为“哥特风”，也超出了许多人一厢情愿的小镇桃源假想。

这类小说不再满足于描摹朦胧的阴影、生活里的小龃龉，而是直接呈现它近乎恐怖的后果。例如《发作》这篇，主人公是一对生活在小镇上的夫妻，丈夫有过雄心，最终因为要照顾家人重返小镇；妻子有过婚史，最终因为前夫开车奔赴北极而宣告结束。某天，妻子去给邻居老两口送鸡蛋，却发现两个老人被人开枪打死，她镇定地报案，镇定地回家做饭。夫妻俩讨论后认为，老两口有过一次激烈的“发作”，并因此联想到了自己生活中的许多次发作。

但最后丈夫发现，警察告诉他的现场细节和妻子所说的有异，他在雪夜出去散步，进了一个树林，看到那里堆积着废弃的汽车，像一堆怪兽。生活里潜藏的恶意，骇人的激情，还有不为人知的过去，就这样突然出现了。

她晚期的两部小说集《逃离》和《幸福过了头》中还有更可怕的故事，例如《深洞》和《法术》。《深洞》先用一个郊游的场景，揭示了一个中产家庭的矛盾：一家人在郊游的地方看见了一个岩洞，洞口有危险警示，但他们九岁的儿子却毫不意外地掉进了这个洞，被父亲救起的儿子，在许多年时间里称父亲为“资产阶级的绅士”“家庭英雄”，并讥讽地说：“要对救了我一命的人表示感谢”，父子之间的相互憎恨和厌烦，就这样陈列出来。多年后，儿子长大，与家人断了联系，母亲找到了儿子，发现他加入了一个古怪的修行者团体，群居、禁欲、乞讨，住在危楼里，瘦得像个艾滋病患者，她绝望地认识到，自己根本没有可能把他救出这个更大的深洞。

《法术》的故事类似，有异能的乡下年轻女人跟着一个科研工作者逃离小镇，陷入一种可怖的生活，她的女友在多年后才探知她的下落，并构想出她生活里的骇人场景。

门罗小说中的主人公表示不喜欢英格玛·伯格曼[①]的电影，觉得他“阴森森、神经兮兮”，但那正是她小说主人公的状况。

他们是舍伍德·安德森《小城畸人》里写的那种“畸人”（提出“畸人”这个概念，真是舍伍德·安德森对现代人最大的贡献）：

> 起初，世界年轻的时候，有许许多多的思想，但没有真理这东西。人自己创造真理，而每一个真理都是许多模糊思想的混合物。全世界到处是真理，而真理通通是美丽的。一个人一旦为自己掌握一个真理，称之为他的真理，并且努力依此真理过他的生活时，他便变成畸人，他拥抱的真理便变成虚妄。

他们怀抱真理、偏执、执拗、从不反省，不肯接受更广阔世界的洗礼，最终把这真理捂馊了，生活在崩坏的经验里，最终沦为罪案的主角或命运的祭品。

---

① 英格玛·伯格曼（Ernst Ingmar Bergman，1918.7.14—2007.7.30）：瑞典导演、编剧、制作人，作品充斥奇异的构思与沉郁的理性精神，有“电影的哲学家”之称。——编者注

门罗的小说也就伟大在这里，她先是发掘了生活中的骇人之处，却又用一种生活化的方式去描绘它。她钻探出了生活里的深渊，却又在上面覆盖了一层薄薄的“厨房油毡”。她只写主妇们面色如常的时刻，却用各种线索暗示壁橱里的骷髅和后院的尸身，她只写饭桌上的谈话，信件里的絮叨，让读者拼凑出当事人的离奇遭遇。

而且，她始终不为小说潮流、时代更替所动，就在她开拓出的这个领地，反复打磨，不停挖掘，最终创造了一个精微细致、阴郁和明丽兼有的小说世界。

杜拉斯作品

认识你之前，我不懂得何谓哀愁

可能一切都是假的，只有那个女孩的情欲是真的。这种“对于自己的情欲”像一股怒火，左冲右突地寻找一个出路，最后以各种形态出现，可能是情欲，可能是正义感，可能是哀愁，可能是疯狂，可能是写作，也可能是财富。

多年前第一次看电影《情人》，我就觉得它一定是真的，杜拉斯说过这是她自己的故事，这个故事起初是给家庭相册写的配文，而且我们还看到了男主人公李云泰的照片，但多年以后却觉得，这个故事很可能只是一个迷梦。

《情人》的故事有个大背景，在电影里只是简略地提到。简和托尼在海滩上散步的时候，简告诉了托尼，她一家人都遭遇了什么，母亲为什么会变成这个样子。从法国来到印度支那的母亲，在丈夫亡故后用十五年的积蓄买下了一块土地，因为没有向土地管理员行贿，她得到的是一块每年都会定期被海水淹没的土地，根本无法耕种。

母亲曾经试图改变这种绝望的境遇，她告状、借款，在海潮出现的间隙种植一点东西，但最后她抓狂了，她想要筑起一道“抵挡太平洋的堤坝”，并且当真付诸行动，两次努力均告失败。

这位母亲像个凶狠又悲壮的英雄。但在杜拉斯的小说和让·雅克·阿诺导演、珍·玛奇主演的电影《情人》里，母亲则是一个优雅、细腻，又暴烈、疯狂的女人。她努力地让一家人过得体面，家里有专用的餐厅，孩子们有各自的房间，但摆在饭桌上的，却是白人不会吃的涉禽和鳄鱼。

她心情好的时候，就会给家里来一次大扫除，全家人快乐地洗着地板，房门窗门全部打开，穿堂风掀起窗帘，她在一边高兴地弹着钢琴唱着歌。她陷入狂乱的时候，则会维护吸毒、盗窃、有暴力倾向的大儿子，或指责女儿是荡妇。

在两个哥哥起了争端之后的晚上，女儿进了卧室，和母亲睡在一张床上，问母亲为什么要维护大儿子，为什么这么爱他，母亲起初否认了，但当女儿再一次问她“你为什么这么爱他”的时候，她忽然崩溃了：“我也不知道。”

热带的背景下，动荡的年代，瘟疫、狂风暴雨、冲垮堤坝的海潮，以及异乡的码头、街道，拥挤在周围的黄色面孔的苦力，乱糟糟的声音和气味，还有一家人的相依为命又相互厌弃，以及几乎摆在明面上的乱伦关系（在《情人》和剧本小说《来自中国北方的情人》里都写到了这点）。在这个背景下，穿着白色西装，有着淡棕色皮肤，头发纹丝不乱的“情人”从天而降。

他们在渡轮上相遇，她坐上了他的黑色轿车，黑色轿车把他们和街市上乱糟糟的人群隔开；他们在闹市中心有着百叶窗的房间里做爱，白色的床单，幽暗的房间，把他们和外面嘈杂的声浪隔开。他带着她，穿过愁容满面的人群，去奢华的餐厅吃饭，在那里，就连侍者都穿着白色的西装。

他是白色的，是淡棕色的，甚至是淡金色的，有干净的头发，温和的眼神，没有肌肉，但皮肤光滑，有小小的颗粒。他出现的地方，苦力们形成的海潮就被劈开了一道小小的缝隙，嘈杂的声浪暂时退却。他能布置起一团小小的温馨。梁家辉让这个形象变成了具体的，包括淡棕色的皮肤，欲言又止的眼神，和那种难以言说的小小温馨。

然后，他们分开，温和地分开，至多在她乘上邮轮离开的时候，坐着那辆黑色的车，在岸边停一停。他说："认识你之前，我不懂得何谓哀愁。"多年后，他打电话告诉她，他一直爱她，至死不渝。

因为印度支那、瘟疫、热带的狂风暴雨、成群结队的哀苦面孔、肮脏杂乱的街道，这个故事看起来是现实的。没有人会怀疑一个发生在杂芜之中的哀苦的爱情故事。但因为白色西装、淡棕色的皮肤、百叶窗、小小的温馨，我又常常觉得这个故事是假的。或者说，在瘟疫和嘈杂的声浪中，出现一个白色西装的"情人"的可能性微乎其微。

但这部电影也正是因为这种于真假之间的摇晃，产生了一种亦真亦幻的感觉。热带大陆可能是真的，但"情人"可能是假的；成群结队的穷人可能是真的，但白色西装可能是假的。也有可能，所有这些都是假的，只有那个女孩的情欲是真的。那是一种"对于自己的情欲"。

在这种"对于自己的情欲"基础上，什么都是可能的。包括和最亲近的人的情欲，对女同学的情欲，对穿白色西装的东方男人的情欲，对写作的情欲，对自己笔下人物的情欲。我毫不怀疑，如果可能，杜拉斯会和自己笔下的人物做爱。这种情欲像一股怒火，左冲右突地寻找一个出路，最后以各种形态出现，可能是情欲，可能是正义感，可能是哀愁，可能是疯狂，可能是写作，也可能是财富。

所以，尽管在20世纪90年代的电影里，《情人》是最让人难忘的那些电影之一，珍·玛奇穿着无袖连衣裙，戴着黑色男帽的形象，已经成为最经典的电影形象。尽管让·雅克·阿诺稳妥而可靠，情爱场面也并不少。但电影《情人》还是缺少那种“对自己的情欲”。

当然，让·雅克·阿诺有这么拍的自由，拍成这样也已经足够了。

第一次读到杜拉斯，是在初中毕业后的暑假，当时我十三岁，正为没有考上中专而愧疚，整天把自己关在家里，突然看到一本来历不明的黄色封面的书，不知什么时候出现的《情人》，小32开，黄色封面，只有一百多页，还带着图书馆标签，家里人都不知道它是从哪里来的，我定定心翻开它，只用了两三个小时就读完了，然后在两个月的暑假里反复读了十几遍。暑假过去，它又离奇消失，正如它离奇的出现。

与这部作品再度相逢已经是1997年了，一套“世界情爱小说选”里，《情人》和《长别离》赫然在列，这个版本的《情人》是王东亮先生的译本，也是我后来一直喜欢的版本。几乎同时看到的还有一本《来自中国北方的情人》，然后是春风文艺出版的“杜拉斯文集”，以及王道乾先生译的《物质生活》。

杜拉斯突然像海难一样出现在我的生活里，她的面容、情史、生活、语言方式瞬间把我淹没，那不是一个作家淹没别人的方式，那是一个情人、一种宗教淹没别人的方式。

在影像世界里遇到杜拉斯，已是1998年了。在VCD时代，我接连看到许多杜拉斯电影（杜拉斯自己拍的电影，以及所有根据杜拉斯作品改编的电影），从《情人》到后来的《广岛之恋》《长别离》《抵挡太平洋的堤坝》《印度之歌》《卡车》。和杜拉斯有关的电影，通常都有迷人的犀利，迷人的颗粒。

在让·雅克·阿诺导演的《情人》里出现过的那些元素，其实在别的“杜拉斯电影”里都多多少少地出现过了。杜拉斯写过很多次印度支那，她的母亲和那个堤坝，副领事和疯女人，也以各种形式在她的小说、散文、剧本、访谈里出现过。还有热带地区的那种杂芜，各种嘈杂的声音，奇异的气味，皮肤上的颗粒，抚摸皮肤时引起的小小战栗，在她的作品里都反复出现过，自然也会在和她有关的电影中出现。

所有这些元素共同构成了“杜拉斯宇宙”，这个宇宙不大，不复杂，但却有着特别的颜色和味道，足以让人沉溺，让人无法忘却。

玛格丽特·杜拉斯的小说里，我最念念不忘的一部不是《情人》，而是《抵挡太平洋的堤坝》，那里面有一个写作者的许多秘密，也能揭开《情人》里的很多秘密。

那是玛格丽特·杜拉斯的第三部长篇小说，出版于1950年，其时杜拉斯三十六岁，距离发表第一部小说《厚颜无耻的人》已经过去了七年。她正在变得成熟，不论是心境，还是写作。这种时候写下的文字，特别能满足狂热读者的窥视欲，它往往在真与假之间，在不成熟的遮挡和伪饰之间，留下许多踪迹，让人猜测。

日后在杜拉斯的作品中反复出现的场景：印度支那、大河、热带森林、吊脚楼，以及她许多作品中的情节和人物，在这部《抵挡太平洋的堤坝》中都已经出现。一个敏感偏执的母亲、具有反叛性格的女儿、富有的情人、疯女人等。

母亲想要筑起一道抵挡太平洋的堤坝，行动失败后郁郁而终。“抵挡太平洋的堤坝”几乎成了一种象征，一个人因为自己的失误、偏执，使自己陷入一种战天斗地的狂热状态中。

这种经历太令人震撼了，震撼到只写一次还不够，所以它被杜拉斯反复书写，在《副领事》《情人》《来自中国北方的情人》里，那个母亲和她的堤坝还将一再出现。

但它和同样拿这个故事当主角的《情人》和《来自中国北方的情人》却是那么不同，一个写作者的秘密，一个女人从年轻到年老的这一生，她心灵的秘密就藏在这些不同里。

《抵挡太平洋的堤坝》显然在向福克纳致敬，如果换掉作者署名，再做点技术处理，可以混在福克纳文集里而不觉得异样，它是粗粝的、沉重的，而《情人》和《来自中国北方的情人》却是精致的、洗练的。这些都显而易见，而不那么明显的，是那个“中国情人”的差异。

三本书中的“中国情人”形象都来自同一人，不论是《抵挡太平洋的堤坝》中的诺先生，还是后两本书中的“他”，其实都是作者少女时代的情人，那个年轻的中国富商。只不过《抵挡太平洋的堤坝》里的诺先生分明是作者嘲讽的对象，他丑陋、愚笨，在感情生活中总是处于被人捉弄的不利地位，像《十日谈》中的某一类人物，他的出现为《抵挡太平洋的堤坝》增添了喜剧色彩。而《情人》和《来自中国北方的情人》中的“他”却是杜拉斯深情灌注的形象，“他”像某种脆而薄的金属，但却有着某种难以企及的光泽与质感。

或许是因为和年轻时的杜拉斯相比，年老的杜拉斯更能接受自己了，她不只能接受自己拥有了一副“备受摧残的容颜”，更能接受自己对金钱的贪欲。在她三十六岁的年轻时代中，她耻于承认自己恋情中的金钱因素，于是丑化了“情人”一角来对自己进行否定和批判。而到了晚年，她终于能够最少顾忌地按照事情的本来面目进行写作，是啊，她迷恋的不仅是她中国情人本人，还迷恋他的名牌轿车，以及他给杜拉斯全家人生活带来的变化。

她的母亲也是如此，既希望她能从中国男人那里弄点钱来贴补家用，甚或将他们全家救出水火，却又碍于种族差异，要表现得不那么热情，把态度调校在情愿和不情愿之间。事实上，他们也瞧不起中国男人，每次聚餐、喝酒，他们都不和他说话。杜拉斯态度上的游移也与此有点关系，但始终不变的是，她一直爱钱，不论年轻还是年老，区别只在于她是否认同自我。《情人》被称作“有着卢梭式的率真”，大概就在于她的自我认同。

《抵挡太平洋的堤坝》被许多评论家认为是杜拉斯真正意义上的代表作，在《理想藏书》中，它被列在法国部分的前二十五本必读书（即“核心藏书”）之中。它在 1958 年被拍成了电影，似乎是在《写作》那本书里，杜拉斯说，出售电影改编权让她买下了后来她居住多年的小庄园。

然后是 2008 年，这部作品又一次被改编成了电影，由伊莎贝尔·于佩尔主演。她在电影中演绎的母亲灼热、神经质、深情、刻薄、狂热、精打细算，因为自己的失误、偏执，最后成了一个近乎荒谬的、与天地作战的宇宙公敌。

当年第一次在电影里看到伊莎贝尔·于佩尔，我就在想，这个女人完全可以演杜拉斯的母亲，现在看来，不只我一个人这么想。她让杜拉斯母亲的形象有了依附，也让杜拉斯的形象有了托盘，想起杜拉斯，最先想起的是海滩上的暮色里，那个孤零零的女人，她嘴角有如刀刻，眼神乜斜，静待下一次来自太平洋的海潮向她发起挑衅。那个用了几十年生命来挑战文字的杜拉斯，其实是母亲生命的延续。

第二章 话语太沉重，我只能用故事告诉你

《房思琪的初恋乐园》

一本生气的书，让我们看到世界背面

既然我们将性暴力看作由整个社会造成的不幸，那么为了拯救这些不幸，就只能靠发动社会整体的力量来予以挽回。但在房思琪的悲剧中，我们看到无论是朋友、家庭还是社会，都遗憾地缺席了这场拯救。

爱情是人类永恒的难题，我想不仅是在中国，放在全世界可能都是如此。《房思琪的初恋乐园》就是这样一部与爱情、女性有关的作品，作者是台湾已故女作家——林奕含。

虽然这是一本关于爱情和女性的书，但它很特别，因为它描述了一段“不正常的爱情”，和一个“不正常的女性”。这本书很美，也很残酷。说它美，不仅是因为这本书的文字美，而且它的作者也很美；说它残酷，是因为这本书呈现的是一个相当残酷的悲剧，而这场悲剧不仅在书中上演，也最终在现实世界里成为了一个令人非常遗憾的事件。

这本书的作者很年轻，但她可能经历了其他人一辈子甚至几辈子也不会经历的事情。这本书在文学史上的意义也很特殊，因为它不仅在海峡两岸的文学界掀起了一场很大的讨论和风波，其影响力还上升到了社会层面，引发了人们对于很多社会问题的反思和关注，甚至在某种程度上推动了台湾的社会变革。

在 2019 年的国际妇女节期间，有这样一则社会新闻报道：

在 2018 年，葡萄牙有 28 名女性因为家庭暴力事件丧生，比 2017 年增加了 8 人，创下了这个国家该类案件的历史最高纪录。而 2019 年年初的三个月，这个国家又增加了 11 名女性受害人，引发了全国性的声讨和警示。葡萄牙政府宣布为所有受害者举行哀悼，日期定为国际妇女节的前一天，3 月 7 日当天，葡萄牙政府降半旗以示哀悼。随着女性社会地位的不断提高，全世界都更加关注针对女性的社会暴力现象。除了家庭暴力以外，还有最容易引起人们关注的性暴力事件。

但很多人可能都知道，性暴力和性犯罪事件，无论对个人还是社会来说，情况都非常特殊，也很容易引起争议。为了让大家对这类事件有一个更直观的认识，我们来看一组数字：以中国台湾为例，在 2016 年，台湾警方一共接到了 1.3 万起性侵案件的通报，但其中只有大约四千起案件会得到警方处理，不到三分之一。而在这四千个案件里，大概只有一半会得到正式起诉，也就是说起诉率是 15% 左右。

为什么和其他犯罪比较起来，这类事件更难以处理，也更容易引发争议呢？《房思琪的初恋乐园》就从一个性暴力“幸存者”的角度，给我们提供了一份非常有价值的参考。

通常我们很少用“幸存者”这个词去指涉其他种类犯罪的受害者，因为我们不会用这个词来形容被偷、被抢、被打的人。当用到“幸存”这个词时，仿佛都在描述一种屠杀，像是二战集中营、校园枪击事件、恐怖袭击等。之所以会用“幸存者”

这个词来形容性暴力受害者，是因为这种暴力和屠杀有一个相似点。某种程度上，性暴力不完全是由个人施加的，而是整个社会施加给受害者的。更进一步说，是受害人在年龄和性别上的双重不平等所造成的。

《房思琪的初恋乐园》的故事从两个小女孩的一段友谊开始。房思琪和刘怡婷是一对从小一起玩的朋友，打从有记忆以来，房家和刘家就一直是邻居，两人的感情如同亲姐妹甚至双胞胎一般。房家和刘家的家境都不错，算是典型的中产阶级家庭，两家人住在同一栋公寓楼的七楼。

这栋公寓一共有八层，顶层住着的是钱家人，钱家长子叫钱一维，留美归国，事业有成，背景“无可挑剔”，外貌“赏心悦目”。钱一维的新婚妻子叫许伊纹，在二十多岁的时候嫁入钱家。许伊纹同样出身名门，嫁给钱一维之前攻读比较文学的博士学位，为了婚姻而主动放弃了学业以及成为一名大学老师的职业理想。

在房思琪和刘怡婷这两个小女生眼里，钱一维虽然已经四十多岁了，但是依然是她们心中帅气的大哥哥。而伊纹姐姐则是她们最喜欢的人，也是她们最早的“文学领路人”，两人经常去楼上串门，听伊纹姐姐给她们讲读各种中外文学名著，许伊纹也非常喜欢这两个可爱的，并且在文学上非常有天赋的女孩子。在封闭的家庭生活之外，许伊纹在这两个孩子身上看到了曾经的自己，和她们的交流既是一种精神排解，也能化解一些职业理想上的遗憾。

但在思琪和怡婷这两个女孩子心里，相貌上排名第一的男性邻居还不是钱一维，而是住在六楼的李国华老师。李老师年纪在五十岁上下，是台湾补教班的明星语文老师，所谓补教班，也就是我们常见的课后补习班。家长都很看重学历，教育系统的等级也是层层分明的。无论中学还是大学，都有名牌学校、重点学校、普通学校这样的区别；就连在同一所中学，也有资优班和普通班的区别。因此要进入资优班，考进名牌学校，获得更优质的教育资源，单靠学校的教育是远远不够的。于是各类课后的补习班和补习机构应运而生，因此大部分中小学生始终要面对比较大的学习和考试压力，课余时间还要去各种补习班上课。

李国华老师和夫人、女儿一家三口，也是和房家、刘家往来频繁的邻居之一。故事开始的时候，房思琪和刘怡婷刚好小学毕业，正准备升入中学。在邻居们的聚会聊天中，李国华得知许伊纹正在给思琪和怡婷两个孩子讲读文学，看到她们书架上的书，和大学生的阅读水平差不多，于是对两个孩子的文学热情和天赋赞叹不已。他主动提出让两个孩子每周各写一篇作文，然后单独到他家给她们辅导语文，做进一步提升，且不收取任何费用。实际上，李国华提出给她们单独辅导，这一做法的心思并不单纯。

伊纹虽然心中有所疑虑，但也没想太多。两个孩子的父母则对这位明星补教老师能够给自己的孩子单独“开小灶”欣喜不已，况且还是免费的，因此也没有半点犹豫，觉得此事顺理成章。

终于，在这个外表看似光鲜，邻里关系看似和睦的大楼里，悲剧发生了。李国华借由给房思琪单独辅导作文课的机会，在书房里强暴了她。事后，房思琪没有将真实情况透露给任何人。从十三岁到十八岁，在长达五年多的时间里，房思琪和大她三十七岁的李国华一直维持着畸形的情感和肉体关系，直到她因为这件事发疯，在山里被人发现并救起，最后被送进了精神病医院。由于除了李国华之外，没有其他人知道事情的真相，因此思琪的意外情况让所有人都困惑不已。

不久之后，怡婷和伊纹发现了藏在房思琪房间里的一本日记。她们通过这本日记才最终了解了事情的真相，也发现了李国华的真面目。原来，李国华常年以来一直利用自己作为补教老师的职权，与多名女学生发生过关系。为了控制这些女生，在精神和肉体上对她们进行“情感绑架”，李国华使用了各种软硬兼施的方法，甚至还包括强暴、恐吓、威逼利诱等各种极端的手段，但他一直隐藏得很好，没有任何人发现，也没有任何被他伤害过的女生来找他的麻烦。

得知真相后，伊纹和怡婷本想通过法律途径寻求帮助，但律师告诉她们，由于缺乏客观证据，仅仅通过日记是无法定罪的，甚至可能被对方反咬一口损害到自身名誉，她们最终只好选择放弃。最后，李国华依然逍遥法外，而邻居们则认为房思琪发疯，是“读了太多文学”导致的。

在故事的结尾，伊纹鼓励怡婷，作为思琪的好朋友、灵魂的双胞胎，她应该好好替思琪活下去，去替她经历所有她没机会去经历的生活，去感受那些最真实的幸福和痛苦；同时应该把这个故事写下来，让更多人知道，因为房思琪不是第一个，也不会是最后一个受害者。

当我们分析故事中的暴力事件，无论是精神上还是肉体上的暴力，都可以分别站在施暴者和受害者这两种不同的角度，去了解让这种暴力产生的不平等状态。

首先我们来说说“年龄”这个因素所造成的不平等。大家都知道，在东亚文化的伦理体系中，君臣、父子、师生等各种社会关系，本身就暗含着一种不对等的状态。而受到“尊师重道”这一道德观念的影响，师生关系也是这种不对等关系里最重要的一个环节。老师对于学生来讲，其年龄的优势，不仅仅体现在岁数比学生大，更体现在人们默认年龄背后就一定包含着相应的资历优势和经验优势。这是老师对于学生可以形成文化权威的社会观念来源之一。在故事中，身为教育行业资深人士的李国华，要比刚刚小学毕业的房思琪大三十七岁，无论在学业还是生活上，都自然而然扮演起老师和长辈的角色。

在这种话语体系之下，学生不应该反抗老师，因此房思琪对李国华大部分时间都表现出极其顺从的状态。而师生恋更是见不得人的“丑事”，因为打破伦理关系的恋情甚至可以被称作是“乱伦”，因此房思琪被深深禁锢在这个道德陷阱之中，无法脱身，也不敢大声求助。

她甚至不得不完全扭曲自己，告诉自己不仅要喜欢老师，还要爱老师，因为爱是最能包容一切的：爱人之间无论发生什么事都是可以被允许的，爱人无论对自己做什么，也都是可以被原谅的。

虽然女主角深陷困境，但不代表她没有任何作为。实际上，作者林奕含有意想要通过文学的方式，让女主角房思琪去试探性地突破这层不平等关系。在李国华强暴了房思琪之后，他把自己的行为归因于思琪，“都是你的错，你太美了”，“美”不属于它自己，“你那么美，但总也不可能属于全部的人，那只好属于我了。”

这理由听起来无比荒唐，但如果把“都是你的错，你太美了”这样的话置于一个文学的情景中，或者一对相爱的情侣之间，就发现这种话语是完全成立的。在故事中，女主角所能做的第一层突破，就是自身思想上的突破：让自己从曾经懵懂的状态里清醒过来，从对老师的文学权威的迷信中跳脱出来。

当她能够冷静看待的时候，就发现李国华这种“说爱如说教”甚至之后实施了强暴、性虐待，却仍然用一套看似美好的说辞来合理化自己的这种行为，是一种畸形的、矛盾的思想体系，但又是一种对施暴者自己无限宽容的思想体系。看透了这层关系，思琪就已经从这场畸形的关系以及包围着自己的罪恶感中跳出来一小步。

从另一方面来看，我们说“年龄”是施暴者和受害者之间不平等的关系因素，还在于儿童和成年人的心理关系上。我们小的时候常被家长教育，不要随便听信陌生人的话，但这种心理上的防备是很容易被撤销的，因为我们的成长紧紧依赖于成年人和长辈的引导。正因如此，儿童很容易对日常生活中相对获得某种身份担保的成年人（比如亲戚长辈、学校老师、父母的朋友或同事等）产生信任感。

故事中怡婷和思琪第一次在电梯里碰到李国华时，“她们本能地防备男性。可是眼前的人，年纪似乎已经过了需要守备的界限。……李国华知道自己被判定为安全的，第一次感谢岁月。”可以看出，李国华正是利用了这种年轻人对成年人本能的亲近感和信任感，利用了这种年龄上的不平等，来达到自己的目的。他也用一种非常不道德的方式利用了知识，对那些在知识的荒漠里寻找水源的学生来说，获取知识不仅是因为知识本身是有魅力的，更因为在升学主义的重压之下，这些学生正处在一种孤立、贫乏、缺少精神支柱的状态之中。

而李国华老师正是给这群如饥似渴的学生提供水源的人。而为了以最“便利”的方式来满足自己变态的欲望，他选择对身边这群对他充满信任、敬仰和爱戴的学生下手，把这些学生变成自己的猎物，扼杀她们的青春。

第二个造成不平等的因素是“性别”。中文中关于婚姻的表达，有两个非常有意思的延伸，就是“嫁”和“娶”这两个字。在英文中，“嫁”和“娶”都可以用一个单词表示，就是“marry”，无论哪一个性别作为主语在前，都统一使用这个单词。而在中文里，“嫁”和“娶”则严格对应着女性和男性主语，女生结婚一定要说“嫁”给了丈夫，男生结婚则一定说“娶”了一个妻子。而通常在婚后，女方到男方家生活，照顾公婆，被看作是理所应当。

但针对男方去女方家里生活，我们则发明出了很多专有名词：比如倒插门、入赘、上门女婿等，这些词在我们现在看来可能就是个普通的词，但在古时候，或者现在相对保守的农村地区，这样的词还暗含着一层贬义和嘲讽。

从这些字词背后的文化和使用习惯上，很容易就可以看出中国在男女关系上的某些不平等的状态，尤其是在男女感情及其相关的婚姻和家庭分工问题上。在故事中，与思琪、怡婷关系亲密的伊纹姐姐就是遭受这种性别不平等待遇的例子。

为了婚姻生活，她放弃了自己非常喜爱的文学专业和职业道路嫁入钱家，曾经的许伊纹女士变成了“钱太太”。钱家的公公婆婆看到伊纹在家里看文学相关的书籍时，很瞧不上眼，甚至还会冷嘲热讽，因为他们觉得“肚子是拿来生孩子的，不是拿来装书的”。

还有一件更可怕的事情是，无论是钱一维的父母还是介绍伊纹嫁入钱家的邻居，都向伊纹隐瞒了钱一维一个非常恶劣的缺陷，就是这个男人不仅酗酒，而且喝醉后还有严重的暴力倾向，婚后不久就整日出去喝酒应酬，回来后便对妻子拳脚相加，打得她体无完肤。而伊纹碍于面子和自尊心，不得不对钱一维的暴力相向忍气吞声。

原本，伊纹作为思琪她们的“文学保姆”，是两个孩子最喜欢、最信任的成年人。思琪遭遇强暴的惨剧发生后，她最有可能倾诉秘密的对象也只有伊纹。但因为伊纹沉浸在自己的痛苦中，让思琪觉得自己没法再将更多的痛苦倾倒在她身上，因此直到最后自己发疯也没有将真实遭遇说出口。

反观李国华，正是利用了这种性别上的不平等观念，来一步步扩张自己的。前面提到，在诱奸房思琪之前，李国华狩猎女学生的经验已经相当老到了。他非常善于把控这些女生的心理，同时利用社会道德方面的压力，来达到控制这些女生的目的。

他很了解这些比他年幼很多的女学生在感情方面的弱势，因此在与她们发生关系之后，他会用各种花言巧语与谈情说爱的修辞来包装这种不正常的关系。在初次强暴了思琪之后，李国华对思琪说：

这是老师爱你的方式，你懂吗？你喜欢老师，老师喜欢你，我们没有做不对的事情。这是两个相互喜欢的人能做的最极致的事情，你不可以生我的气。你可以责备我走太远。你可以责备我做太过。但是你能责备我的爱吗？你能责备自己的美吗？更何况，再过几天就是教师节了，你是全世界最好的教师节礼物。

正是通过这种方式，李国华把原本充满暴力的强奸弱化成了诱奸，进而把这种关系包裹在一层虚假的爱恋关系的糖衣里面。同时李国华也知道“自尊心往往是一根伤人伤己的针”，不仅能把这些他已经伤害过的女孩推回他身边，还会缝住她们的嘴。

房思琪曾经有几次寻求“场外援助”的机会，但却没能得到任何有效的回馈。第一次求助，是向自己的朋友怡婷。思琪曾试探性地问怡婷，如果自己“跟李老师在一起，你会生气吗”，而怡婷却将思琪的状况理解为不伦的师生恋和狗血的第三者剧情，回答她说：“你真的好恶心，我没办法再跟你说话了。”第二次求助，是向自己的父母。思琪在饭桌上试探性地和自己的父母提到，“我们的家教好像什么都有，就是没有性教育。”而母亲的回答是：“什么性教育？性教育是给那些需要性的人。所谓教育不就是这样吗？”思琪一时间明白了，在这个故事中父母将永远缺席。他们旷课了，却自以为还没开学。另一次，思琪又试图用更明显一些的方式向父母诉说，她说：“听说学校有个同学跟老师在一起。”母亲的反应竟然是“小小年纪就这么骚”。于是思琪不说话了，“她一瞬间决定从此一辈子不说话了”。

很多人可能认为，在互联网时代，这些女生应该利用网络向社会寻求帮助。可惜书中给出了一个失败的案例：受害者之一郭晓奇在被李国华抛弃时，便决定将自己的悲惨遭遇曝光在网络论坛上，结果她得到的不是同情和理解，而是侮辱和谩骂。人们将这种故事理解为肥皂剧中常见的三角关系：一个有钱有势的男人，一个年轻貌美的情妇，一个备受伤害的妻子。而作为第三者的女性，常常是人们率先进行道德批判的对象。

从上面的故事梳理中，我们不难发现两个问题。

第一个问题：作为性暴力的受害者，他们所处的状况是非常特殊的。他们在向自己周围的亲友发出“救援信号”的时候，不会像其他类型的犯罪受害者一样直接说明情况，然后拨通报警电话。他们放出的信息近乎一种“暗号”。因为性暴力伤害的不单单是人的身体，更多伤害的是他们的精神与感情。尤其是女性，她们还要面对社会道德方面的不平等待遇。

迫于这些压力，他们也许不会，也不太敢向周围的人们释放出明确的信息。用本书的评论者张亦绚的话来说，这些性暴力受害者的“语言未能承载核心经验”，因此他们的表达是不直接的。

第二个问题：作为家庭和社会成员，很容易忽视的一个问题，就是刚才我们提到的，由于女性在文化上处于弱势地位，因此不能像处理其他是非问题一样，对这些受害者的问题做出“是”或者“否”的二元论断。对房思琪来说，她已经努力突破了自己的情感束缚和不必要的罪责感，释放出了渴望和朋友及家人沟通的信号。但她得到的不是交流，而是批判。

这好比对方出了一道阅读理解题，而我们却按照判断题的方式去回答了对方，这样的沟通是无效的，是没能成功破译出被害人给出的“暗号”。放在现实中来看，这样的沟通甚至是有害的，因为它加剧了受害者的自我封闭——这些受害人好不容易从施暴者的牢笼中挣脱出来，但我们不仅没能够及时伸手把他们从危险边缘拉回来，反而把他们搡回了笼子里，还加上了一把新的锁。

既然我们将性暴力看作是由整个社会造成的不幸，那么为了拯救这些不幸，就只能靠发动社会整体的力量来予以挽回。但在房思琪的悲剧中，我们看到无论是朋友、家庭还是社会，都遗憾地缺席了这场拯救，或者没能给予正面的反馈。处在精神旋涡中的房思琪们，没能依靠自身的力量摆脱旋涡，反而成了孤立的个体，最终越陷越深。于是，“施暴者理直气壮，而受害者则背负上了道德的痛苦枷锁”。也可以说，这是性别的不平等加剧了天平的倾斜程度，让施暴者不费太多力气就原地捕获了他们的猎物。

如果房思琪的故事只是停留在书本上，当我们合上这本书，或许会长舒一口气，感慨一声，庆幸这样的惨剧不会发生在真实世界里。但它确实发生了。2017 年 4 月 27 日，年仅二十六岁的林奕含被发现在自家卧室上吊自杀。去世之前，林奕含正饱受重度精神疾病的折磨。《房思琪的初恋乐园》成为了她第一部也是最后一部长篇小说，那时距她在文坛出道还不到三个月。如此遗憾。

生前接受采访时，林奕含曾说："这个故事折磨、摧毁了我一生。"作为读者，当我们打开这本书，看到扉页上"改编自真人真事"这七个字的时候，或许一带而过，或许感慨万千。但无论如何，林奕含写作这本书，以及我们今天阅读这本书，都不是为了让所有读完这本书的人对其中所呈现的事情无动于衷，或者陷入某种情绪中无法自拔，这肯定不是林奕含所希望的，因为对她而言，这不仅仅是一个故事。

如果要用一句话来概括这个故事的内容，用作者自己的话说，这是一个"女孩子爱上诱奸犯的故事"，如果用更直观更残忍的语言来概括，这个故事讲的是"有一个老师，长年利用他老师的职权，诱奸、强暴、性虐待女学生"。

如果这是一个用一句话就能概括的故事，如果这是一个令她极为痛苦的书写过程，如果这是一个她明知会折磨、摧毁她一生的故事，为什么林奕含还要执意用十几万字的篇幅，以极其细腻的工笔为我们呈现出来呢？

我们不妨回到书中来寻找答案。在小说接近结尾的地方，怡婷准备去上大学了，伊纹和怡婷两人约在露天咖啡厅，在美好的阳光下，伊纹跟怡婷说：

> 怡婷，你才十八岁，你有选择，你可以假装世界上没有人以强暴小女孩为乐；假装从没有小女孩被强暴；假装思琪从不存在……你可以过一个资产阶级和平安逸的日子……可以假装世界上只有马卡龙、手冲咖啡和进口文具。但是你也可以选择经历所有思琪曾经感受过的痛楚，学习所有她为了抵御这些痛楚所付出的努力。……你要替思琪读大学，上研究所，谈恋爱，结婚，生小孩，也许会被退学，也许会离婚，也许会死胎，但是思琪连那种最庸俗、呆笨、刻板的人生都没有办法经历。……你要经历并牢牢记住她所有的思想、思绪、感情、感觉，记忆与幻想，她的爱、讨厌、恐惧、失重、荒芜、柔情和欲望，你要紧紧拥抱着思琪的痛苦，你可以变成思琪，然后替她活下去。连思琪的份一起好好活下去。
>
> 你可以把一切写下来，但是，写，不是为了救赎，不是升华，不是净化。虽然你才十八岁，虽然你有选择，但是如果你永远感到愤怒，那不是你不够仁慈，不够善良，不富同理心，什么人都有点理由，连奸污别人的人都有心理学、

社会学上的理由，世界上只有被奸污是不需要理由的……忍耐不是美德，把忍耐当成美德是这个世界维持它扭曲的秩序的方式。生气才是美德，怡婷，你可以写一本生气的书，你想想，能看到你的书的人是多么幸运，他们不用接触，就可以看到世界的背面。

2017年4月26日晚上，林奕含将自己的散文《石头之爱》发给了杂志编辑，请求无论如何都要发表。深夜，她又写了电子邮件给台湾“阅读最前线”网站，表示突然有事要忙，原本答应要协助完成的关于自己访谈影片的制作和发布工作无法再继续，请网站工作人员照计划完成。

在这篇名为《石头之爱》的遗作中，有这样一段文字：“听完课，咖啡厅到地铁站，地铁站到家，那两段夜路，走进一个路灯，便投出一个影子，走出路灯，身体便被夜色消化。每走进一个路灯都是一个崭新的影子……”

《使女的故事》

伟大的小说家也是预言家

经过几代人的不懈努力，女性的社会地位和权利已经有了明显的提高。这部小说之所以到现在还能受到人们的广泛关注，正是因为它所讲述的故事，仍然在人们的内心深处引发着共鸣，同时也和我们所处的时代发生着共振。

2018年夏天，随着新一轮女性主义运动的兴起，欧美各国的抗议者们再次走上街头。在熙熙攘攘的游行队伍中，有一群人的装扮非常抢眼——他们身穿颜色鲜亮的大红色罩袍，头戴纯白色宽檐帽，看起来像是从维多利亚时代的教堂里走出来的唱诗班，而且绝大多数都是女性。这些穿着大红色衣服的女人们成群结队走在一起，非常引人注目。

这种街头新造型来自2017年年底播出的热门美剧：《使女的故事》。这部由米高梅和美国知名影视平台Hulu网共同制作的影视剧，一经播出便在世界范围内引起了广泛的影响和讨论。该剧的第一季分别在IMDb（互联网电影资料库）和豆瓣网上获得了8.6和8.8的高分，并于2017年和2018年一举斩获美国影视剧最高奖项——艾美奖和金球奖。

而让人意想不到的是，这部剧竟然改编自一部出版于三十多年前的小说，作者是被誉为“加拿大文学女王”的玛格丽特·阿特伍德。

《使女的故事》这部作品其实并不是最近才火起来的。从1985年出版以来，这本小说已经被翻译成了四十多种语言。在1989年，就有导演把它拍成了电影，之后还改编过戏剧、芭蕾舞剧，甚至被改编成了图像小说。但是，为什么这部作品最近又受到了人们的关注呢?

其中一个原因当然是《使女的故事》这部同名美剧的播出。该剧对原著的改编非常成功，制作也相当精良，人们对它的评价很高；另一个原因，就是这部剧被视作科幻作品，而科幻作品近几年非常受大众欢迎，有广泛的受众基础。

除此之外，《使女的故事》之所以再次受到关注，就是很多人发现，这个故事中很多预言性质的内容，竟然在21世纪的今天和我们生活的现实世界发生了很多微妙的关联。故事中那些看似科幻，甚至有些荒唐的情节，竟然和当下发生的很多社会问题有着惊人的相似之处。正因为这样，《使女的故事》才能在全球范围内引起人们的强烈共鸣，甚至成了一种文化符号。

《使女的故事》电视剧播出于2017年，捷克共和国把当年的卡夫卡文学奖授给了阿特伍德，该奖项一直被视为诺贝尔文学奖的风向标，曾获得过该奖项的作家还包括日本作家村上春树、捷克前总统哈维尔，以及中国作家阎连科。

可以看出，正是由于阿特伍德作品中表达出的强烈人文主义关怀，让她的小说在经历了几十年的时间考验后，依然魅力不减。

《使女的故事》出版于 1985 年，那时的欧美国家还处在“冷战”阶段，第二波女权主义运动的成果正在遭受各种保守主义思想和派别的攻击。阿特伍德的这本小说构想了一个保守主义取代自由主义，宗教战胜科学的未来世界，不仅女性已经取得的平权成果被摧毁，她们还成了完全屈从于男性的存在。

《使女的故事》是一部推想小说，它根据当时社会的发展趋势，对可能发生的未来进行理论上的构想。在这部小说最新版的序言当中，阿特伍德这样写道：“我的一个原则是，不在书中放入任何詹姆斯·乔伊斯称之为历史的噩梦中不曾发生过的事件，或者任何不存在的科技。没有想象的小发明，没有想象的法律，没有想象的暴行。都说上帝在于细节。魔鬼也是。”

故事一开始，作者就给出了一个非常“令人震撼”的设定：21 世纪的美国发生了一场军事政变。一个叫作“雅各之子”的基督教原教旨主义团体，秘密策划了这场颠覆美国政府的活动。他们枪杀了总统，武力占领了国会和议院，军队宣布国家进入了紧急状态。随后，这场政变的发起者在美国建立了政教合一的神权政府，废除了美国宪法，并将国家更名为“基列共和国”。

在这场政变发生之前，美国乃至全世界都面临着非常严重的生态和经济危机。资源日益匮乏，各种化学污染和核污染日趋严重。基因变异的新型梅毒、艾滋病和各类疾病在世界范围内泛滥成灾，人口出生率大幅下降，有的国家甚至好几年都没有一个新生儿诞生，即便是成功出生的婴儿，也会因为各种先天疾病和畸形而夭折，新生儿成活率不足五分之一。

在这种情况下，基督教原教旨主义者们乘虚而入，成立了一个名为“雅各之子”的宗教团体。这个团体以17世纪美国清教徒宗教传统为蓝本，严格遵循《圣经》中所倡导的生活方式。他们应对人口危机的办法，就是把全国范围内有生育能力的未婚女性聚集起来，赋予她们“使女”的身份，让这些女性成为为国家繁衍后代的“国有资源”。

在人类面临人口不足、病毒肆虐的生态危机环境下，有生育能力的女性成为了一种稀缺资源。但是，要繁衍后代，单靠女性是不够的，还要有男性。哪些男性能够获得使女这种稀缺资源呢？当然就是基列国的统治者，那些位高权重的上层官员们。

在故事中，基列国将美国变成了一个政教合一的神权国家，国内的行政单位也从过去的“州”变成了“教区”，每个教区的掌权者被称为“大主教”。作为稀缺资源的使女们，就被分配给了这些在新政权中身居高位，又没法和自己的太太生儿育女的大主教们。

难道不能利用人工授精，或者试管婴儿之类的科技手段，来达到增加人口的目的吗？答案是不行的。因为基列国的法律是基于基督教宗教传统，像试管婴儿这类人工干预生殖的手段，在他们看来是违反上帝意志的，是不可取的。而利用使女作为“代孕母亲”这个方法，则是可以在《圣经》中找到先例的。

在《圣经·旧约》的《创世记》一章中，记述着这样一个故事：拉结不能给雅各生子，就嫉妒她姐姐，对雅各说："你给我孩子，不然我就死了。"雅各对拉结生气地说："叫你不生育的是神，我岂能代替他做主呢？"拉结说："有我的使女辟拉在这里，你可以与她同房，使她生子在我膝下，我便因她也得孩子。"

除此之外，基列共和国还按照《圣经》中的记录，对普通大众的人际关系、社交生活、穿着打扮、行为规范等各个层面做出了严格的管控。人们必须严格遵循清教传统中那种保守的道德准则，衣着打扮要尽可能朴素，离婚是不允许的，婚外情被视为通奸，同性恋被称为性别叛徒……异教徒必须被清除。

表面上看起来，基列国通过严格的宗教律法给所有人都施加了限制，但实际情况是一小波男性构成了这个国家政权金字塔的尖端，他们掌握着所有权力，尤其是凌驾于女性之上的权力。在基列国的社会制度下，女性不仅成了完全屈从于男性的存在，还被划分为各种等级，不同等级穿着不同颜色的衣服：夫人（蓝色）、嬷嬷（棕色）、经济太太（浅蓝色）、使女（红色）、马太（绿色）。

小说就围绕一个名叫奥芙瑞德的"使女"展开。奥芙瑞德是基列共和国筛选出的第一批用来完成生育任务的使女之一。整个基列共和国的社会制度和生活细节，就是通过奥芙瑞德的视角逐渐清晰起来的。

在基列共和国取得政权之前，奥芙瑞德和她的丈夫还有女儿一家三口过着普通的美国中产阶级生活。但她没有想到，自己和家人的命运会在短短几个星期内发生如此巨大的改变。

军事政变刚刚发生时，奥芙瑞德和她周围的人一样，都感到难以置信。政府怎么会在一夜之间就消失了呢？她和其他人一样，晚上待在家里收看电视，关注事态的走向。但随后事态却一步步升级，社会管控一点点加剧。

奥芙瑞德先是发现她的银行卡无法使用了，随后便被告知国家颁布了一项新的法律，女人不能再拥有财产，她们的财产由丈夫或者最近的男性亲属接管。紧接着，奥芙瑞德的公司老板对全体女性员工宣布，她们必须立刻马上收拾东西回家，因为国家不允许女性继续在外工作了。

事情发展到这一步，终于有群众忍不住走上街头，对这种不合理的安排予以反抗。但警察和军队却对人们进行压制，示威活动因此就消失了。

接下来，全国各地发生了一系列的爆炸事件，邮局、地铁纷纷被炸。没有人知道是谁干的，但是基列的警察和军队们却以此为由，开始挨家挨户地搜查。到了这种人人自危的地步，奥芙瑞德和她的丈夫觉得再也无法在这个国家继续生活下去了。他们带上女儿，打算开车逃到国外去，却没能成功。

随后，奥芙瑞德被带到一个叫作“红色感化中心”的地方。这是基列国专门用来培养使女的机构。在这个机构里，负责训练和管理使女的老阿姨被称为“嬷嬷”，任何不服管教的使女都将受到这些嬷嬷们严厉而残酷的惩罚。

前面提到使女的筛选标准有两个：第一是必须具备生育能力，第二是未婚。奥芙瑞德既然已经结婚，有丈夫和孩子，为什么还会成为使女呢?

原来，奥芙瑞德和丈夫并非初婚，按照新政权的法律，所有二次婚姻和非婚的同居关系，都属于通奸行为。因此，基列政权便以奥芙瑞德行为不端、道德败坏为理由，没收了她的孩子，交给其他没有儿女的上层人士抚养。奥芙瑞德曾经有过一个女儿，这就证明她具备健康生育的能力，她也就因此成了使女。

尽管《使女的故事》这部小说的故事背景设定在未来，但作者阿特伍德要求自己不使用任何人类历史上未发生过的事件和行为来创造情节。这种创作手法也是反乌托邦文学共有的特点。很明显,《使女的故事》反映了作者阿特伍德对世界悲观和负面的预期，但实际上她并没有塑造出一个世界末日般的未来，而是根据现有社会各方面的发展趋势，做出了一种合理且可信的推想，并对有可能发生的重大事件和灾难性趋势给出警示。

与家人分散之后，奥芙瑞德被带到了红色感化中心。在感化中心，嬷嬷们对这些使女候选人采取一种类军事化的管理方式。所有女性在这里都过着步调统一的集体生活。她们的衣食住行、言行举止，也都受到严格的管束和控制，同时被剥夺了几乎所有正常权利。在这里，女性不能读书写字，不能抽烟喝酒，不能随意饮食，不能私下交流，不能化妆也不能出门，最不能允许的，则是对基列政权的质疑。

在这种高压环境下，几乎所有的使女都被训练成了乖顺服从的“小绵羊”。而这些使女在红色感化中心最重要的一项任务，就是要学习如何为国家繁衍后代。

基列政权将这项任务称之为“受精仪式”。当使女被分派到那些没法正常生育的大主教家里后，便要在每个月的排卵日举行一次“受精仪式”。这个仪式通常在主教夫人的卧室中进行，家中的所有人（包括女仆和司机）都要在场。仪式开始之前，大主教要当着全家人的面朗读《圣经》中（也就是我们前面提到过的）关于使女帮助拉结和雅各生子的段落。接着，主教夫人要坐在床中间，使女要躺在夫人的两腿之间，夫人双手抓住使女的手腕，就好像她们两人是融为一体的。然后，事情发生了。整个过程中，主教和使女之间不允许有任何亲密动作，包括眼神交流、接吻、抚摸等全都不存在，双方甚至连衣服也不能全部脱掉。

可以想象，整个过程不仅令人感到尴尬、怪异，充满机械感，而且几乎不掺杂任何感情成分。甚至可以说，整个受精仪式，是一种对使女的变相强暴——因为没有人愿意通过这种方式，成为其他人的生育工具。

然而，和其他所有使女一样，奥芙瑞德是身不由己的。在被分配到大主教家中之后，奥芙瑞德不仅要面对压抑无聊的日常生活，每月定期到来的病态仪式，还要面对大主教夫人赛琳娜冰冷的态度和压迫。

对奥芙瑞德来说，选择自杀无疑是一种能够快速获得解脱的方法，但她无法抛弃自己的丈夫和女儿。他们虽然被抓走了，但可能还活着。爱情和亲情，成了支撑奥芙瑞德继续活下去的动力，也是她黑暗生活中仅存的一丝光亮。

很快，奥芙瑞德发现，这个看似密不透风的高压环境里依然存在着某种缝隙，一些试图打破这种禁锢的人依然在等待时机。这不仅给了奥芙瑞德额外的希望，也推动了接下来故事的发展。

第一个打破局面的人，是奥芙瑞德的好朋友莫伊拉。莫伊拉是一位性格刚烈、充满勇气的女性，她利用红色感化中心的管理漏洞绑架了一位嬷嬷，并换上嬷嬷的衣服偷偷跑了出去，从此消失不见。莫伊拉的成功出逃让奥芙瑞德感到万分惊喜，也让她对逃离心存信念。

另一件让奥芙瑞德觉得不可思议的事，发生在她来到大主教家一段时间之后。有一天，大主教忠心耿耿的司机尼克偷偷找到奥芙瑞德，告诉她大主教想要单独见她。随后她才知道，大主教是想邀请她陪自己玩一种拼字游戏。按照基列国的法律，女性是被禁止阅读任何文字的，违者将被砍掉一根手指，这种规定也包括所有的主教夫人们，因此他没法让自己的夫人陪他玩这种游戏。

奥芙瑞德从此行走在刀锋边缘，一方面，她认为大主教也许能够在关键时刻给她提供一些保护；另一方面，她又非常了解这种行为的风险，用中国的一句古话来讲，正所谓“伴君如伴虎”，大主教可以给她特权，也可以随时让她坠入万劫不复的深渊。但奥芙瑞德没法拒绝大主教的要求，她不得不小心翼翼地继续在危险边缘游走。

值得庆幸的是，当使女被分配到大主教家中生活后，她们还是获得了一定程度的自由空间。比起在红色感化中心高压下的集体生活，在大主教家的使女不但有一间属于自己的卧室，还可以获得每天一次和另一位使女结伴外出购物的机会。

使女外出购物必须两两结伴，为的是让她们没法单独行动，也是一种利用她们彼此的恐惧和不信任，相互监督的手段。但隔了一段时间之后，奥芙瑞德突然发现她的购物伙伴艾米丽，竟然是一个地下反抗组织的秘密成员。

艾米丽告诉奥芙瑞德，她家的大主教弗雷德是基列国一位相当重要的高层官员，如果能有机会接近他，就可以为地下组织提供一些有价值的情报。但需要注意的是，奥芙瑞德家里有一名政府“眼目”，也就是秘密警察，她得多加小心。

作者阿特伍德笔下的这个基列共和国，似乎和历史中的某些国家政权有着非常多的相似之处。实际上，作者正是参照了历史中真实存在的政权形式（如德国纳粹的第三帝国），作者把这些国家的特点综合到一起，从而拼凑出了基列国的社会制度，这也是推想小说的一大特点。

此外，作者本人还造访过冷战时期的捷克斯洛伐克、东德等国家，亲身经历了那种小心防范、被人监视的感觉。因此她才能写出那种环境下，细致入微的生活细节和人们的心理状态。

回到故事之中。当奥芙瑞德得知大主教家里隐藏着一名“眼目”的消息之后，她的心里越发惴惴不安。与此同时，平时对奥芙瑞德冷若冰霜的大主教妻子赛琳娜来找她，希望她和大主教的司机尼克合作生个孩子。

奥芙瑞德明白，大主教夫人如此迫切获得一个孩子，不单单是出于求子心切的渴望。在基列国，能诞下一个健康的婴儿，也就获得了一种近乎神圣的政治资本，不仅大主教能够因此受到提拔，全家人也会因此获得很多好处。她也明白，只有完成生育的任务，自己才能继续活下去。只有活下去，才能有一线希望，再次见到自己的丈夫和女儿。

在夫人的安排下，奥芙瑞德开始背着大主教偷偷和尼克约会，也顺利地怀上了孩子。但令奥芙瑞德没想到的是，尼克却在和她的交往中对奥芙瑞德产生了感情，并向她坦白，自己就是一名来监视大主教的政府眼目。

阿特伍德给小说留下了一个开放式的结尾。在一个寒冷的冬夜，一群人突然来到大主教家中，把奥芙瑞德带上了一辆黑色的汽车。等待她的命运究竟如何，作者阿特伍德把这个重要的问题交到了每个读者手中，让我们自己去进行思考，去寻找答案。

小说在奥芙瑞德的内心独白中结束：

我无从知道这究竟是我生命的结束还是开始：我把自己交到陌生人的手里任其发落，因为我别无选择。于是我登上车子，踏入黑暗抑或光明之中。

在《使女的故事》出版之后，阿特伍德曾被反复问到一个问题：这本小说是不是要表达一种反宗教观念？阿特伍德的回答是否定的，她认为，自己真正反对的是以宗教的名义为那些不合理的制度打掩护。

这位已经七十九岁高龄的女作家经历过第二次世界大战和“冷战”时期，在她成长的年代，女性的工作范围十分有限。在接受英国 BBC 电视台的采访时，她曾提到，当时社会上有上百种工作供人们选择，但几乎所有岗位都是只针对男性的工作。女性能够从事的工作只有五种：护士、老师、空姐、秘书和家政服务。

经过几代人的不懈努力，女性的社会地位和权利已经有了明显的提高。但阿特伍德非常了解，社会的大动荡和大变革可以让事物朝着积极的方向迈进，但也完全有可能让既有的秩序在一夜之间消失不见。这是真正令人感到可怕的地方。

《使女的故事》这部小说之所以到现在还能受到人们的广泛关注，正是因为它所讲述的故事仍然在人们的内心深处引发着共鸣，同时也和我们所处的时代发生着共振。

有几部同样是由女性作家创作的作品，这些创作者横跨了不同的文学艺术领域，但她们讲述的故事，都和《使女的故事》有着相同之处，比如：由《洛杉矶时报》记者芭芭拉·德米克创作的非虚构小说《我们最幸福》，由伊朗漫画小说家玛嘉·莎塔碧创作的自传体漫画《我在伊朗长大》，由已故的华裔女作家、历史学家张纯如创作的《南京浩劫：被遗忘的大屠杀》[①]。

还有一部悬疑小说，作家艾拉·雷文的《复制娇妻》。《复制娇妻》也塑造了一个依靠剥削和管理女性建立起来的完美世界。这个世界像许多美国社区一样，绿树成荫，鲜花怒放，人们住在漂亮的房子里，有整洁的客厅，女主人穿着最好看的裙子，笑容可掬，永远以最好的状态迎人，永远也不会露出一丝不耐或一点瑕疵。事实上，来到这个社区的所有女人都被改成了机器人，而生性不羁的女主人公已是下一个被改造对象。

还有一部电影，挪威导演杨斯·连恩的《超完美地狱》(2006)。对于地狱，我们有约定俗成的想象，刀山、火海、蛇窟、黑森

① 又名《南京大屠杀：第二次世界大战中被遗忘的大浩劫》(2013年，中信出版社)。——编者注

林是它必不可少的景观，这部电影却对地狱有别样的描述，那里或许与通常的城市并无两样，甚至更整洁、更安宁，更貌似天堂，却少了点什么，就是这少了的一点，使它令人感到恐怖。

来历不明的主人公安德里亚斯，被一辆超长的客车送到沙漠中的一个加油站前，随即被转送到一个灰白色的安静祥和的城市，他在一座清洁雅致的大厦里，有了一份工作，一间舒适的公寓，一个端庄的妻子，什么都很好，只是，饭菜不那么香，厕所没有臭味，同事们都彬彬有礼，酒永远喝不醉人，人们表达感情的方式像机器人。他想找到有活力的事物，找不到，于是跳进地铁自杀，但死不掉。最后，在他发现通往另一个世界的小洞的时候，他被抓住后流放至另一个令人绝望的世界。

所有这些书和电影，都在提醒我们，过于“完美”的世界，也许就是另一个完美地狱，而这个完美世界里的女性，往往都生活在最危险的剃刀边缘。

《美国众神》

**我宁可做一个普通人，
也不愿做一位神灵**

在美国这样一个国家里，人们该如何面对那些与我们不同信仰、不同肤色、不同国家、不同价值观念的人们？如果信仰并不存在，如果所有的神灵都只是人类创造出来的一个梦，我们应该如何自处？

说到科幻文学领域最重要的奖项，就不得不提“雨果奖”和“星云奖”，这两个奖项合称为“双奖”，地位相当于科幻文学领域内的诺贝尔奖和奥斯卡奖。如果一部小说同时拿到了“双奖”，那么毋庸置疑，这部作品就被列入了世界科幻文学的殿堂，成为一部经典著作。

美国作家尼尔·盖曼就是这样一位大师级的人物，到目前为止，他一共获得过六次雨果奖，两次星云奖，创作领域横跨科幻文学、恐怖文学、漫画、剧本、歌剧等多个领域。

他的代表作《美国众神》可以说是一部“科技含量”没那么高，但却让人脑洞大开的“软科幻”作品。这本书没有讲述任何关于未来世界的故事，主角也不是什么拥有神奇力量和高科技的超级英雄这样一部科幻文学中的“奇葩”，为什么能够同时获得雨果奖和星云奖“双奖”？又是如何征服了全世界成千上万的科幻迷以及《纽约时报》和《华盛顿邮报》等专业媒体，将它奉为经典的呢？

《美国众神》这部小说有三个关键故事元素：

首先，作者在现代美国这个时代背景下，设定了两个相互对立的阵营：旧神和新神。这两个阵营的所有角色构成了小说的主题，也就是美国众神。作者从历史、职业、个性、特征等维度塑造出了形形色色的神，这些神以人的形象，以各种各样的状态生活在这个国家。这些神并不完全是作者胡编乱造杜撰出来的，而是真实存在于人类神话、历史、宗教、传说等领域内有名有姓、有故事的神灵。

小说的第二个关键故事元素，是一个名叫“影子”的男人，以及他出狱后的工作和一次公路旅行。随着故事的不断推进，旧神与新神纷争也不断升级，最终，一场残酷的战争在所难免。男主人公影子在两派的斗争中，扮演了一个非常重要的角色。

小说的第三个关键元素，是这两个关键词：美国和信仰。《美国众神》创造了一个完全虚构的美国，一个游离于现实世界边缘之外、根本不可能存在的癫狂世界。那么，作者是如何通过一个当代神话、一个关于信仰的故事，去表现美国这个怪异而巨大的国家的？是什么令作为一个国家、一个民族、一种精神的美国显得如此特殊？而美国作为现代国家的先行者，在面对宗教革命、工业革命、科技革命这样一波接一波的现代化浪潮的冲击时，他们对于传统和未来的信仰，对于新事物和旧事物的看法，对于人类自身的境况和那些高高在上的神明的理解，又发生了怎样的变化？读完这本小说，也许我们不仅会对以上所提出的这些问题有一些新的思考，也会对美国这个国家产生一些更深的认识。

对于一部作品到底能不能被列入科幻的范畴，科幻文学界有一个公认的标准和判定，那就是看这部作品是否具备三个要素：第一，逻辑自洽；第二，科学背景；第三，人文思考。这三个要素的含义非常明了。

《美国众神》中的第一个“科幻设定”就是：美国大陆上居住着数以百计的神，他们以人类的形象生活，他们既会诞生，也会死亡，会经历普通人遇到的种种困境，这些神只是在某些细枝末节的方面不同于凡人。这些神以信仰为食。一个神生活状态的好坏，取决于有多少人信仰这个神，当人们不再为它祈祷、为它献祭，因而失去信仰的时候，这些神就会变得衰弱，生活也随之变得窘迫。

这些神分为截然对立的两个阵营，旧神和新神。尼尔·盖曼笔下所有的旧神，绝大部分来自欧亚大陆和非洲大陆这些人类古典文明诞生的地方，这些旧神不是胡编乱造、臆想出来的，而是来自有明确文字记载的宗教学、神话学、历史学领域，比如北欧神话、埃及神话、印度神话、古希腊与罗马神话、伊斯兰和波斯神话、日耳曼神话、斯拉夫神话等。这些神的名字也是我们耳熟能详的，比如战神奥丁、邪神洛基、雷神托尔、死神阿努比斯等。

对这些神话故事的延展和化用，在当下的流行文化中并不少见，《复仇者联盟》《木乃伊》《指环王》《霍比特人》《圣斗士星矢》《魔兽世界》等漫画、动画和影视作品，都是以神话人物和故事为背景的，尤其是对北欧神话的借鉴。既然有如此多的作品中都借鉴了这些古代神话，那《美国众神》这部小说又有什么过人之处呢？

尼尔·盖曼的高明之处就在于，他没有将这些神设定成高高在上的存在，而是将他们都变成了一个个活生生的人物，将这些角色以非常合理的方式，安排到美国社会的各个角落。他们扮演着小偷、妓女、名媛、屠夫、出租车司机、超市售货员、殡仪馆入殓师等各种各样的角色。为了生活下去，这些旧神打劫、卖淫、诈骗、偷窃，努力在社会的边缘挣扎生存；他们酗酒、吸毒，以此来麻醉自己，有些甚至通过自杀的方式来脱离苦海。

虽然这些神已然拥有超乎常人的能力，但因为信仰逐渐失落，众神正在被他们的人民遗忘，被社会抛弃，逐渐沦落，力量也随之变得衰弱。

但是，这部小说中的一个重要角色——星期三先生，也就是众神之父奥丁，他无法忍受这种状况，并将目标指向造成这一切状况的另一个阵营：新神。奥丁决定在男主人公影子的协助下，集结生活在美国各地的其他旧神，对新神发动战争。

如果说作者从历史神话中汲取了素材和灵感，那么新神的设定，可以说是完全出自尼尔·盖曼脑洞大开的原创概念。在旧神的阵营里，星期三先生奥丁是一个能够发动众神，领导全局的角色；而在新神的阵营里，同样有一个老大哥式的人物：世界先生。

这个世界先生的角色，我们可以把他想象成一个当代美国社会的精神领袖和统治者。世界先生代表着全球化、好莱坞、科技进步、优胜劣汰、资本主义等这些我们当下社会里人们所向往、追求和崇尚的无所不在的信念。如果说奥丁阵营代表着古典世代的历史传统，那么世界先生及其所领导的新神，就代表了现代世界的时代精神。

除了世界先生，新神的阵营里还有能控制科学技术的高科技小子、能控制大众媒体的媒体女神，还有信用卡之神、高速公路之神、互联网之神、汽车之神、医院之神等。可以看出，尼尔·盖曼将现代人生活中出现的新事物、新科技，与人们物质生活息息相关的东西，都设定为一种新神。这些新神凭借着人们的依赖和信仰而不断膨胀，逐渐取代着旧神的地位。

在飞速变化的美国社会里，无论是旧神还是新神，都面对着巨大的不安和恐惧。旧神害怕终有一天会被所有人遗忘，一旦到了再也没有人信仰他们的时候，即使是过去再强大、再古老的神，也将不复存在。而对于新神来说，虽然他们数量庞大，信仰者众多，但这些信仰是短暂的，人们是喜新厌旧的，能否持续获得人们的信仰，取决于他们是否能够不断自我更新，跟上世界不断变化的步伐。

在《美国众神》架构的这一世界观下，信仰成为了一种有限的资源，如果没有人类把自我、时间和生命奉献给众神，他们将会死去。于是，如何争夺人类的信仰，成为了新旧众神的主要矛盾。前面提到的两个阵营里的大BOSS，星期三先生和世界先生，二者看似是水火不容，但实际上作者在小说的结尾部分为我们揭示了这两者的真实关系。

故事的第二个关键因素，就是故事的主人公，影子。

尼尔·盖曼使用了“公路小说”的创作方式来串起整部小说的情节，主人公影子跟随星期三先生开车穿越了大半个美国，他们的这趟旅程可不是为了自驾游，而是为了找到分散在这个国家各个角落的旧神，说服他们团结起来，向那些不断膨胀的新神势力发起挑战，夺回曾经属于他们的人民的信仰。

在这个过程中，男主角影子扮演了一个相当重要的角色，但这个普普通通的男人，一开始似乎并没有意识到自己的重要性。按理说影子作为一个普通的美国人在这场你死我活的众神之战中，应该老老实实扮演好一个“吃瓜群众”的角色，为什么作者要以影子这个人为主线，串联起整部小说呢?

首先，影子这个人物实际上代表了整个当代人类群体。旧神和新神对影子的拉拢，实际上就是对人类信仰的争夺。

小说的一开头，影子已经是一个在监狱里待了三年的犯人了，三年前他为了自己的妻子劳拉在外面和人大打出手，将人打成重伤，因此进了监狱。入狱后，影子对自己当初的行为追悔莫及，他在监狱里少言寡语，本分做人，甚至成为了模范犯人，这一切都是为了能够早点出狱，和自己心爱的妻子劳拉重新团聚。

终于，因为服刑期间表现良好，影子提前获得了假释。就在他满心欢喜地以为就要和劳拉重聚的时候，典狱长突然告诉他一个消息：劳拉出车祸死了。影子的世界瞬间崩塌了，面对爱人的离世，影子陷入了一种迷茫和恍惚的状态，他逼迫自己打起精神，先赶回自己的家乡，参加妻子的葬礼。在回家的飞机上，影子和星期三先生相遇了，对方声称要为影子提供一份报酬不错的工作。影子一开始并没有答应。

飞机由于天气原因不得不提前降落，影子怕来不及参加妻子的葬礼，决定租一辆汽车开回老家。旅途中，正当影子在一间酒吧歇脚休息，他再次和星期三先生相遇了。这一次，星期三先生对影子透露了另一个令人震惊的消息：他的好朋友罗比也死了，而且是和妻子劳拉死在了同一辆车上——事实证明，劳拉和罗比早有私情。这个消息彻底让影子崩溃了，他不仅被自己的好兄弟戴了绿帽子，还失去了工作。悲愤交加的影子在星期三先生的软磨硬泡和酒精的作用下，终于决定替星期三先生工作，开启了一趟充满未知的旅程。

小说的后半部分主要讲述的，就是影子和星期三先生的美国大陆穿越之旅。一路上，影子经历了无数难以置信的事件：他的妻子因为一枚幸运金币复活，变成了“活死人”，因为爱情的信念一路追寻着影子的脚步，并最终和他相遇；影子跟随星期三先生见到了生活在美国各地的旧神，他们的生存状况有好有坏，对这个国家一团糟的信仰状况似乎都有点漠不关心，但星期三先生依然执着地说服他们，参与他对付新神的计划。

这期间，影子甚至还经历了来自新神的威胁、恐吓、拉拢、追杀，却都幸运地死里逃生。最后，因为星期三先生的死去，迷茫的影子终于找到了自己最为坚定的信念，并发现了这场所谓“众神之战”的肮脏真相。在他的斡旋下，旧神与新神最终放弃了殊死一战。

整个故事中，男主角影子经历了犯下罪行、面临痛苦、寻求信仰、找寻自我、发现真相这一系列的过程。可以说，影子犯下的罪行代表着整个人类的罪孽，他所遭受的痛苦代表着整个人类的痛苦。他与旧神和新神的交流，就是人类对于昔日的价值传统，和日新月异的现代精神的互动关系。影子从一开始的迷茫和不知所措，到最后变成了一个拥有坚定信念，并勇于发掘真相、面对真相的人，这一整个过程则代表了一个现代人找寻信仰和确定自我价值的过程。这便是尼尔·盖曼赋予影子这个人物的第一个重要性。

影子的第二个重要性在于，作者尼尔·盖曼其实是想借由影子这个角色来输出自己的价值观。影子身上的某些观念和行为方式，可以看作是作者自己的思想和观念表达。首先，作者尼尔·盖曼让影子在人生最痛苦、最低谷的阶段遇到星期三先生，也就是奥丁为代表的旧神阵营，影子开始帮助旧神做事，也代表着他向传统价值和信仰的靠近。其次，当影子面对高科技小子、媒体女神、世界先生等新神势力的拉拢和威胁时，他表现出了明显的厌恶情绪，同时表现出对旧神阵营的好感。最后，作者对于旧神的描写非常细致，着墨很多，同时竭力表现旧神丰富的力量和充满人性的细节，而对新神则是极尽嘲讽，表现他们冷冰冰的性格和残酷的行为。

尼尔·盖曼虽然已经在美国生活了将近二十年，但他英国人的性格和一些传统价值观念，依然能够通过文字传达给所有的读者；作为一名幻想小说家，尼尔·盖曼的很多作品都以古典世代、童话故事或神魔传说为背景。可以看出，他对传统文化有着一种非常质朴的情感，甚至是对资本主义为主导的全球化、科技进步、消费主义，抱有一种保守和不信任的态度。而这种价值观也通过影子，通过《美国众神》这部小说，毫无保留地表达了出来。

男主角影子之所以重要，还因为他是星期三先生（也就是众神之父奥丁）的儿子。这意味着影子并不是普通人，他有一半的神族血统。

这种说法在故事的许多地方都有暗示。在故事的一开始，影子和星期三先生初次相遇时，星期三曾允诺影子如果他愿意为自己工作，就能得到世间任何东西，甚至可以成为美国的下一任国王。而作为众神之父的奥丁，如果能够战胜新神赢得胜利，恢复旧日的全部能力，让一个人成为国王这件事，应该是比较容易办到的。

接着，当影子和星期三先生第一次利用银行管理漏洞去进行诈骗时，星期三暗示影子可以控制气候，发动一场大雪。结果影子在努力尝试后竟然真的做到了，天空飘起了漫天的雪花。按理说如果影子只是普通人，是不可能仅仅通过一点暗示就做到控制天气的。而他有这样能力的唯一原因，就是他是众神之父、风暴之神奥丁的后裔，因此获得了这样的能力。

在小说的后半部分，影子在回忆自己童年的一场梦境中，看到了自己母亲当年的男友，和星期三先生长得一模一样。在小说最后，星期三的人类肉身消亡后，他曾对影子说过，献祭自己的亲生儿子能够为他带来更多力量，也印证了影子就是奥丁之子这一事实。

除了以上这些线索，还有读者将原著和北欧神话进行对比，不仅证明影子是奥丁之子，还进一步证明他就是北欧神话中的光明之神巴德尔。巴德尔是光辉的化身，春天与喜悦之神，是光的拟人化。这种观点的证据之一，是影子的妻子劳拉在成为“活死人”之后，可以看到影子的身体明亮璀璨，持续不断地发出光芒，劳拉就是通过这个光芒找到影子的。影子的英文全名叫作 Shadow Moon，分别是“影子”和“月亮”这两个单词，而影子和月亮这两个事物在人类眼中都不可能单独显现，必须要有光亮。

说到美国这个国家，我们不得不提一个怎么也绕不过去的关键词：移民。毫无疑问，美国可以说是这个世界上移民成分最复杂，价值观最多元化，人种最多样化的国家了。

尼尔·盖曼在叙述故事主线的过程中穿插了几则短篇故事，这些短篇故事均以“来到美国”为主题，讲述了在人类历史不同时期中人们向北美大陆迁徙的经历。尼尔·盖曼将这个移民大熔炉启动的时间点，向前调整到了公元前一万四千年，也就是地球最近一次的冰河时期。

这批最早前往美洲大陆定居的人类，同样带着自己的神和信仰来到了这片土地上。时过境迁，旧日的神灵逐渐被遗忘，新神一代代出现，随后又再次陨落。

而后的美国，先是成了欧洲的犯人们为了逃脱死刑而不得不来的流放地，之后又变成支撑宗主国经济的大农场和大工厂，在战争中成了现代国家，最终成为“冷战”结束后唯一的超级大国，这是历史记载中的美国。而尼尔·盖曼认为，美国历史的绝大部分都是未经检验、未经想象和未经思考的，这个虚构的历史说，美国是由朝圣者们所建造的，他们希望并且相信，在这里可以寻找到自由。

这些人找到自由了吗？在众神看来，人们来到美国，放下曾经的信仰，并创造出一套崭新的、完全属于自己的社会体系和神话传说，这里的人可以成为英雄，成为徒手杀死怪物的勇士，成为带来宝贵知识的智者。但是，他们没有人能成为神。这不幸的地方，不适合神灵生存。就像小说中星期三先生对影子说的一段话：

> 世界上只有这一个国家，关心自己到底是什么，其他国家都知道自己是什么。挪威人不会去探寻挪威人的心灵，也没有人去寻找莫桑比克的灵魂。他们知道自己是什么。

正因为如此，在尼尔·盖曼的理解中，美国是当下信仰最为多元，移民成分最为复杂的国家，但同时也是最世俗化的国家。在这里，任何信仰都没法完全扎下根来，任何神灵都没法很好地生存。

在小说的后半部分，当星期三先生被新神害死后，影子为了实现当初对他的承诺，将自己悬吊在世界之树上九天九夜，经历了和奥丁一样的痛苦洗礼，终于在众神的帮助下复活成为了真正的神。而他也终于参透了“众神之战”的秘密：在新神的阵营里，根本就没有什么世界先生，他的真实身份正是奥丁的兄弟，邪神洛基。

原来，正是由于众神之父奥丁在美国这片土地上无法获得足够的信仰，才联合自己的兄弟洛基，让他化身世界先生，并将新旧众神引入势不两立的不同阵营。而两者的最终目的，就是让众神开战，引发一场大屠杀，用美国众神的鲜血为两人献祭。而及时阻止了这场悲剧发生的，也正是奥丁自己的儿子。

尼尔·盖曼的这最后一个“科幻设定”——美国与信仰——让我们最终明白：表面上看，众神之战是奥丁和洛基为了自我生存而编制出的谎言，但人们之所以曾经信仰这位战神出身的众神之父，难道不是源自人类本性中对于暴力的追求和信奉吗？在众神之战的表层之下，作者所要表达的一个核心理念是：在美国这样一个非常有代表性的国家里，我们该如何面对那些与自己信仰不同、肤色不同、国籍不同、价值观念不同的人们；如果信仰并不存在，如果所有的神灵都只是人类创造出来的一个梦，我们应该如何自处。

影子的一句话也许就是对这个问题最好的答案。在众神即将开战的山顶战场上，面对无数旧神和新神，影子说道：

> 我宁可做一个普通人，也不愿做一位神灵。我们不需要让别人来信仰我们，我们只要做好自己就可以了。这就是我们应该做的事。

《罪行》

人的一生都是在薄冰上跳舞

“薄冰”就是这个世界上的道德和法律。试想一下，如果没有这层薄冰为我们的社会垫底，如果我们每个人都无法意识到自己是在冰面上生活，从而小心翼翼地去维护它，那么人类建立的文明就会化为乌有。

将近十年前，我的朋友李修文在香港机场给我打来电话，说他在机场候机时买到两本书，这两本书让他惊叹不已，他甚至用它来对照自己的写作，认为这样的小说虽然还是以文字的形式出现，但却像电影一样，“提前到达了文字的终点”。

这两本书，就是德国作家席拉赫的《罪行》和《罪咎》。

说到《罪行》这本小说以及作者席拉赫这个名字，可能大部分读者都会觉得很陌生。的确，如果你不是一个对非虚构文学或犯罪文学很感兴趣的读者，就很有可能从未听说过他的名字和作品。这很正常，因为本书的作者并不是职业作家，而是一名律师，并且是一位从事法律行业已经二十三年，专门负责刑事案件的律师。

《罪行》是席拉赫律师的处女作，2009年在德国出版后，立即引起巨大的反响，登上德国《镜报》《明镜周刊》畅销书排行榜榜首。本书获得2010年德国《慕尼黑晚报》年度文学之星，并在同年获得德国文坛最重要的奖项之一，克莱斯特文学奖。

作者席拉赫从1994年起开始在德国担任执业律师，但他不是一般的律师，他甚至曾经为前东德中央政治局委员君特·沙博夫斯基提供法律支援，这位政治局委员是当年东德执政党“德国统一社会党”的一名官员。1989年11月，在非常戏剧性的情况下，他下令拆除了柏林墙，开启了两德统一的序幕。此外，席拉赫的委托人还包括德意志联邦情报局的特务、德国的许多工业巨头、社会名流和平民百姓。

《罪行》这部小说集一共收录了十一个故事，都是作者席拉赫亲身经历的真实案件。用作者自己的话说，他写的是一些“关于谋杀、贩毒、抢劫银行和妓女的故事，他们各有各的遭遇，他们与我们并没有多大的不同”。席拉赫从一个律师的视角，为我们讲述了这些故事的主人公们是如何基于不同的动机，或受到不同力量的驱使而走向犯罪之路的经历。

《罪行》和其他犯罪文学相比，有三个最独特的，也是最关键的特点：

首先，这是一本最贴近真实的犯罪小说。这本书中的十一个故事全部是作者亲手操办的真实案件，他不仅翻阅过所有案卷，还直接接触了当事人。何帆先生在序言评价本书说：“故事情节的离奇、人性的复杂、曲折的走向、意外的结果，都不用刻意编排，作者只需以生动的笔触娓娓道来，就能实现吸引读者、打动人心的目的。”

其次，我们可以通过一个职业律师的视角去审视人性的复杂，并且对一些基本的法律概念和精神产生一定的了解。在本书中，作者席拉赫没有给我们描述他最具传奇性的辩护经历，而是从七百多桩案件中，选择了十一个令人印象深刻的故事，“写下其中当事人的失败、罪责，以及伟大之处”。他想通过这些故事，让我们对人性产生更深入的认知和思考。

最后，《罪行》虽然是一部非虚构作品，但这本书的文学性要远远超过很多虚构小说。作者对故事的把控能力，对文字的精确运用，对人物复杂的刻画全都非常出色。人们常说，伟大的文学作品不是为你解决疑惑，而是让你产生疑惑，从而思考更多的问题。读完《罪行》这本书，我们会开始更多地思考一个人类文明史上非常重要的问题：人为什么会犯罪？

在日常生活中，一个能给我们带来真实感的故事，无外乎有以下几个特点：第一，讲这个故事的人靠谱，他是这个故事的亲历者和当事人；第二，这个故事中充满了各种各样的细节，有非常丰富的情节描述，很容易产生画面感——换句话说，让人感觉有血有肉的故事；第三，这个故事符合常识、富有逻辑、贴近人性。具备了以上这三个特点，那么这个故事必定是一个非常完整、丰满，让人感觉异常真实的故事。

《罪行》这本书中呈现给我们的故事，基本都具备了上述三个特点。席拉赫本身就是一名专业律师，拥有天然的职业优势，丰富的办案经验也给了他大量的创作素材。除了翻阅过所有案件的卷宗之外，席拉赫还和每位当事人都有过长时间的接触和谈话，所以我们很容易对他建立起一种信任感，相信他的叙述是真实的。

此外，这本书中的每一个故事虽然都不长，但都有恰到好处的细节描写，令人印象非常深刻。以本书中的第一个故事《费内尔》为例：故事的名字也是男主人公的名字，他是一名医生，一个典型的德国中产阶级。作者在开篇这样写道：

> ……每年要开两千八百份病假证明，拥有一个临街的诊所，是埃及文化研究界的领头人，国际狮子会成员。他没有犯罪记录，甚至不曾违规。除了自住房，还拥有两栋用于出租的房子，一辆三年前买的E级奔驰轿车，车内全真皮装饰，并安装了空调；持有价值七十五万欧元左右的股票、债券和一份寿险。费内尔没有要孩子，唯一的亲属是比他小六岁的妹妹……

这样一段一百多字的简短描写却充满细节，透露出大量的信息，为我们描绘出一个典型的中产阶级男人的形象：令人尊敬的职业，不俗的个人爱好和兴趣追求，洋气的头衔，良好的个人声誉，相当可观的财产。作者在此处用这些细节作为铺垫，然后话锋一转：“费内尔的生活里原没有什么故事好讲的。直到他遇上英格里德。”

到这里我们就知道，哦，这个叫英格里德的人一定会对费内尔的生活产生重大影响，接下来的故事会是什么呢？这样短短几句话的开篇，不仅介绍了主人公，还带出了故事悬念，让人产生了强烈的阅读兴趣和好奇心。这就是作者运用细节的功力。

又比如在本书的第二个故事《正当防卫》中，有这样一段细节描写，一位警官拿到了一份嫌疑人的搜身记录，上面记录了以下六样物件：

> 一包 Tempo 牌的餐巾纸，火车站商店的价格标签还没撕掉；一盒贴德国税签的香烟，里面还剩六支烟；一个黄色塑料打火机；一张前往汉堡车站的二等车厢火车票（没订座位）；纸币 16 540 欧元；硬币 3.62 欧元。

这段细节描写，比前面我们提到的那段人物描写还要精确。通过这些内容我们可以了解到，原来警方在采集证据时要细致地记录：一样东西有没有被撕掉标签，一个烟盒里还剩几支烟，打火机是什么颜色和材质的，纸币和硬币的数量甚至要分开计算……仔细想想我们就会理解，其实嫌犯身上的每一个物品，都有可能成为某个线索或者破案的关键证据，这样细致且精准的描述必定是一个职业的司法人士才能达到的。

当我们读完整本书的十一个故事后，会对故事中曲折离奇的情节，以及令人意外的结果产生感慨，但仔细一想，会发现每个故事的逻辑和发展都是环环相扣的，既符合我们的法律常识，也符合我们对人性的普遍认知。

让我们回到本书开篇的第一个故事。故事的最后，七十二岁的费内尔在一个阳光明媚的早晨，在自家的地窖中用一把斧子残忍地劈死了自己的妻子英格里德。经法医鉴定，除了砍向头颅的致命一击，费内尔还在她的尸体上砍了将近二十下，并将尸体的手和脚全部卸下。杀死妻子之后，费内尔异常镇静地拨通了报警电话，并在家门口静静等待，将钥匙交给了前来的警察并告诉他，自己的妻子在地窖里。

审判结果是费内尔只被判处三年徒刑，并且可以在开放式监狱服刑，也就是只需要在监狱里过夜，白天可以自由外出。

究竟是什么原因，使得一个生活优越的中产阶级，一个已年过七旬的老人对自己的妻子进行如此残忍的杀戮？又是什么样的原因，让冰冷的司法机器对凶手进行了几乎不算是惩罚的惩罚？

其实在这个故事前三分之二的篇幅中，作者给我们做了非常多的铺垫：费内尔与英格里德结为夫妻后，曾有过一段幸福而短暂的时光。他们在教堂举办婚礼，去埃及蜜月旅行，在金字塔前合影，有一所可以看见森林的房子。

让人意外的是，这个费内尔本来发誓要爱一辈子的姑娘，却是一个有频繁施加语言和肢体暴力，对人尖酸刻薄，对事不依不饶的女人。她看不惯费内尔拿刀叉的样子，抱怨他回家太晚，弄脏了衬衣或是弄皱了报纸。诸如此类的埋怨越来越多，每天不绝于耳。

在这个过程中，费内尔的心理状态从爱护和包容逐渐变成忍让和忍受，最终变成一种充满煎熬的折磨。费内尔尽量让自己专注在工作中，并把更多精力放在购买工具和学习园艺。在费内尔的精心照料和打理下，曾经灌木丛生的院子，变成一片枝繁叶茂的漂亮果园，这里成了费内尔逃避压力的世外桃源。人们在他的花园前拍照留念时，费内尔一度认为，生活还是可以忍受的。

然而，同在屋檐下，费内尔却不得不面对咄咄逼人的英格里德，不得不忍受妻子每天连珠炮一般的辱骂。这样咄咄逼人的生活整整持续了四十七年。心理医生对费内尔的诊断是：情感淤塞，具有刑事责任能力。

在审判过程中，费内尔做了最后一段陈述：我爱我的夫人，但最终却把她杀了。直到现在我还爱着她，因为我曾向她发过誓，爱她一辈子。她还是我的夫人，这一点直到我的生命终点，也不会改变。我违背了自己的承诺，我将背负着这份罪孽，终了余生。

在本书的前言中，作者席拉赫有这样一段令人唏嘘不已的精彩描述：

人的一生都是在薄冰上跳舞，冰层下异常寒冷，一旦失足跌落，生命即刻逝去。这冰层有时无法承受某些人，他们便掉了下去，而这恰恰是我要剖析的瞬间。我们也可能幸免于此，便可以接着跳舞。如果我们足够幸运。

其实我们很容易理解，席拉赫说的"薄冰"，就是这世界上的道德和法律。试想一下，如果没有道德和法律为我们的社会垫底，如果我们每个人都无法意识到自己是在冰面上生活，从而小心翼翼地去维护它，那么这个历经无数代人的努力建立起来的文明，以及我们构建的公民社会和民主制度，就会变成为一片汪洋，甚至退化为一片沙漠，人类也会回归一条以暴制暴的老路，成为荒原人。那时候，每个人的生活都会变得岌岌可危。

书中还有一篇非常精彩的故事《埃塞俄比亚人》。

故事的男主角弗兰克是一个被社会抛弃的人。在德国一个偏僻的小镇，一位牧师领养了他，开始供他读书上学。但弗兰克在学校里却得不到接纳，不仅仅因为他长相丑陋，肤色、头发异于常人，性格也非常暴躁。

初中毕业后弗兰克便辍学了，此后开始在社会上摸爬滚打。他曾在部队服役，去其他城市当木匠，去妓院和地下钱庄当保安，干各种各样的杂活。弗兰克在社会底层结识了形形色色的人，但始终得不到认可，不是因为被冤枉偷东西，就是因为和别人发生冲突而被开除。最终，因为自身性格和社会所迫，弗兰克走上了犯罪的道路，他买了一把假枪，模仿电影里的场景打劫了一家银行，稀里糊涂地买了一张飞往别的国家的机票，从此远走高飞。

弗兰克抵达的国家是埃塞俄比亚，这里的社会环境和卫生状况要比德国糟糕得多。在遥远的非洲大陆，他感到自己既没有朋友，也没有前途，更没有让他留恋的东西，弗兰克甚至想过结束自己的生命。在一趟旅途中，弗兰克身患疟疾险些死去，幸运的是，一个咖啡种植园的热心农村女孩救了他的命。

在这个偏远贫困的非洲村庄里，没有人会因为他的长相和出身歧视他，也没有人欺负他，重获新生的弗兰克逐渐恢复了对生活的希望。他凭借自己的手艺和技能，帮助村民们改善生活，教授他们改进种植咖啡豆的手艺。渐渐地，村庄富裕起来，村民们对这个外来者的信任也越来越多。弗兰克在这里找到了生活，获得了尊重，得到了接纳和认可，甚至收获了爱情和亲情。

在埃塞俄比亚生活了六年之后，一次偶然的情况下，官方查到了他的护照和签证早已过期，要他返回首都去配合调查。政府官员很快就查到他有案底，罪名是抢劫银行。就这样，已经在遥远他乡成家立业，过上正常人生活的弗兰克又被遣送回德国，并被判处五年有期徒刑。

三年过后，弗兰克终于被获准离开监狱，他迫切地渴望返回埃塞俄比亚，那里有他的朋友、妻子、孩子和咖啡种植园。弗兰克需要机票、护照和证件，但他身无分文。在城市流浪了三天之后，万般无助之下，他又用仅剩的一点钱买了一把玩具枪去抢劫银行，不出意外，弗兰克很快又被逮捕了。

作者席拉赫受朋友之托成为弗兰克的辩护律师，他的一位远在埃塞俄比亚的朋友专程来到德国为弗兰克作证。在法官和陪审团听了弗兰克一生颠沛流离的故事之后，无不对他产生同情。在历经波折的审判后，最终弗兰克被判两年徒刑，服刑一年后又改判缓刑，法官为他签署了释放令，两名法院工作人员为他买了返回埃塞俄比亚的机票。弗兰克最终回到了属于他自己的村庄。

《罪行》中的所有这些故事，都反映出了同一个问题——当人性难以避免的弱点，和法律不容置疑的权威发生碰撞，我们必定会产生一些疑惑：法律和道德的边界在哪里，刑罚的目的和价值是什么，而我们又将如何面对无处不在的、来自于人内心深处的黑暗面？

其实，作为一名律师，作者席拉赫在整本小说中都贯穿了对德国法律精神的描述，以及律师这个职业对法律的种种思考。

德国是一个大陆法系国家，大陆法系也被称作欧陆法系，和英美法系并列为当今世界最重要的两大法系。除了德国，意大利、法国、日本、中国等国家遵循的法律体系都属于大陆法系。

大陆法系这个词听起来非常专业，但说白了，它就是一套应用在我们生活中和司法系统中，拥有一定历史背景的法学理论和概念。这套理论体系和文献最早起源于罗马帝国。大陆法系拥有以下几个相当明确的特点：

第一，大陆法系以成文法为主，通常不承认判例法的地位。成文法和判例法分别是什么意思呢？很简单，成文法就是有历史根据、有书面记载的法典或者文献；判例法则是根据之前已有的判决先例，在面对类似的案件时适用先前的规范，做出类似判决。

第二，大陆法系拥有比较悠久的法典编纂的传统。这个传统从东罗马帝国时期（一千五百多年前）就开始了。

第三，大陆法系崇尚理性主义，逻辑性很强。

第四，大陆法系在审判过程中，理论上要求法官严格按照已有的法律条例进行审判，以三段论作为推理模式。

而德国就是一个典型的大陆法系国家。19世纪末的德意志帝国就已经编纂出了一套非常完备的民法典，内容参考了罗马法中的很多古典文献以及《法国民法典》的立法经验，同时也有很大创新。这部《德国民法典》非常重要，《日本民法典》与《中华民国民法》都受到了它的影响，此外，中国、泰国、韩国、希腊、乌克兰等国家的立法也深受这部德国法律的影响。

在西方启蒙运动刚刚兴起之时，一位名叫胡果·格劳秀斯的荷兰人曾提出一个说法："即使一位全能者的旨意，都不能改变或废除自然法……即使我们假设那不可能的事——就是上帝不存在，或不关心世人之事，自然法都将保持其客观的有效性。"这就是著名的"假设上帝不存在"的论证。

格劳秀斯认为，自然法是不可变的，甚至上帝也改变不了。由此，神学和法律彻底分家，法律成为一套独立的理论体系，这是人类历史上非常重要的一个转变。

那么为什么在现代法律体系下，一个残忍的杀人犯会被从轻判刑?

如果把《罪行》中的故事放在前现代的任何一个国家，都必然不会是同样的结果。杀死了自己的妻子，费内尔会在"杀人偿命"的原始逻辑下被绞死、仇杀，在家族斗争或者决斗中死去。而抢劫银行的弗兰克很可能会被砍掉双手，没人会在意他偷窃是出于对金钱的占有欲还是因为快要饿死了。

但放到现代社会，结果却截然不同。纵观我们社会的法律体系从古至今的演变，我们会发现一些重要的特点，那就是:人道主义的意识和地位不断提高。

在过去，法律就是上帝和教会的卫道士，是给国家意志背书的。但随着历史的推进，法律渐渐从这些角色中抽离出来，从"神学"演变为"人学"，其任务也转变为保护个人意志的自由空间，保护市民社会不受政治国家的压迫，保护一个有可能被冤枉的人申辩的权利，甚至是保护一个犯下罪行的人。这也是辩护律师这个职业存在的重要意义之一。

如果我们要给《罪行》这本书中的大部分故事总结出共性，那就是这些故事的主人公们都背负着各种各样的原罪，比如在《大提琴》这篇故事中亲手溺死自己弟弟的姐姐；在《埃塞俄比亚人》这篇故事中，抢劫银行的男主人公；以及《拔刺的男孩》这篇故事中，拥有某种变态心理的博物馆保安……他们在犯罪前大都经历过某种不正常的成长环境，或忍受着某种不公平的社会制度。这些环境和制度压迫、推搡着他们，渐渐走上了犯罪道路。

看完整本书，你仿佛会感到这些人犯罪似乎是非常合理的选择。换成任何一个人，很可能也是这样的结局。而其中的一些人也确实得到了法律的宽恕。

在《费内尔》这个故事的最后，作者席拉赫写下这样一段话：

> 惩罚的意义在哪里，为什么要惩罚？惩罚应该有震慑、保护大众、阻止罪犯再度犯案，以及主持公道的作用，我们的法律集这些理论于一体，却没有一个适用于这个案子。费内尔不会再去杀人，他的行为触犯了法律，是不争的事实，但却难以量刑。有谁会去报复他吗？

这段话也反映出本书的最后一个也是最重要的一个特点：作为一部犯罪类型的非虚构作品，一部书写真实世界残酷性的小说，作者在每一个故事中都尽力表达出一种悲悯之心，努力向世人解释这种悲悯的来由，并给我们留下一丝希望，一丝温度，一丝人性的光芒。

如今，整个现代世界的大部分国家，都处在一个不断更新优化的现代法律体系的笼罩下。每一个人都受到法律的保护，而每一个人也都可以对法制社会的进步，做出自己的贡献。很多国家和地区都废除了死刑，以更加人道的方式去对待那些背负罪责的人。

如今的德国拥有发达而稳定的政治经济体系、迷人的风光、先进的文化以及复杂的历史，伟大和不堪回首的记忆存在于每个德国人心中。也许，这也是席拉赫这位德国律师想要通过他的小说告诉我们的话：世事大都错综复杂，而罪责更是如此。

《我知道笼中鸟为何歌唱》

所有长着黑色羽毛的鸟

在这本书描写的时代里，黑人不被当作“完整的人”，没有自我意识。她的书写为黑人在文学上成为“完整的人”提供了证明，不仅写出了黑人的坚韧、乐观、愤怒，也写出了更隐秘的情愫，更不可言说的迷梦，以及更难以启齿的欲望。

在今年的“Black Lives Matter”（黑人的命也是命，缩写为“BLM”）运动中，有一部小说被不断提起，就是玛雅·安吉洛的《我知道笼中鸟为何歌唱》。

玛雅·安吉洛生于1928年，是美国当代著名女诗人、作家、编剧、歌手。她最著名的作品是六部自传体小说：《我知道笼中鸟为何歌唱》《以我的名义重整旗鼓》《像过圣诞节般唱歌、跳舞、欢乐》《女人心》《所有上帝的孩子都需要旅游鞋》《掷向天堂的歌》。六部小说陆续用了三十年时间写成，她的人生故事几乎尽收其中。

《我知道笼中鸟为何歌唱》是这六部作品中最著名的一部。书名来自保罗·劳伦斯·邓巴的诗《同情》，书中描绘的是她童年和少年时代的生活，时间跨度为1931年到1947年。1969年，这本书一经出版就引起轰动，在此后四十年时间里获得无数荣誉，还在多年后的1997年连续一百五十三周登上《纽约时报》畅销书排行榜。

《我知道笼中鸟为何歌唱》讲了什么样的故事呢？

三岁时，玛格丽特·约翰逊和哥哥小贝利·约翰逊，被“邮递”到阿肯色的斯坦普斯，从此和他们的奶奶生活在一起。在斯坦普斯的黑人区，在童年的他们“看来就是整个世界”的这个地方，玛格丽特度过整个童年。

斯坦普斯镇从环境、风俗、气质上来说，和那些频频出现在美国文学中的小镇似乎并无不同，晒得发黑的绿树，幽暗又璀璨的黄昏，教堂、学校、杂货铺、毕业典礼、夏日炸鱼野餐，放到舍伍德·安德森、威廉·福克纳、卡森·麦卡勒斯、福兰纳里·奥康纳的小说里也丝毫不觉异样。

给玛格丽特白纸般的灵魂图景染上最初色彩的，也就是这些景象，让她在将近四十岁的时候仍旧念念不忘：

> 早晨的商店有些空旷和冷清，就像一份来自陌生人的礼物。打开店门就是扯开礼物上的丝带，外面柔和的光线透了进来（店门是朝北的），缓缓地照过货架上的金枪鱼、大马哈鱼、烟草和针线，最后停在猪油桶上。如果是夏日，那桶油会缓慢地变软，最后成为透明的液体。

画面只是背景，人才是主角，麦克尔罗伊先生、霍华德·托马斯先生、梦罗姊妹（她有天在教堂里发了疯，高喊“把那事儿讲出来”，这句话在很长一段时间里成为小镇居民的“典故”）、默菲先生、伯莎·弗劳尔斯夫人、林肯先生，还有

“可怜的泰勒先生”，他的妻子去世后，他就在镇上吃百家饭，大家也欣然接纳他。

当然，最重要的人物还是她的奶奶安妮·亨德森，玛格丽特称她为“阿妈”，这位黑人老太太因其沉着、智慧，成为斯坦普斯小镇上唯一一位被人们冠以“夫人”称谓的女士。“工作、责任、宗教和‘地位’充满了她的世界，我想阿妈本人也许都没意识到，她对身边的一切都寄托了无比深沉的爱。”

这段经历对玛格丽特至关重要，尽管她后来去了圣路易斯，和她那位高贵美丽的母亲一起生活，但不论是她的母亲、外祖母还是舅舅们给她的影响，都不及这位老太太（还有“事奉我一生的巨灵：书籍”），她给小女孩的生命铺上了坚韧、善良的底色，让她足以抵御此后的一切寒凉，一切波动。

从小镇出发，直到成为旧金山电车上第一个受雇的黑人女性，从奶奶的杂货铺长大，经历了被强暴、自我放逐、成为未婚妈妈，她十八岁之前的经历超过一个来自小镇的黑人女孩应对的范围，但她都见招拆招闯过来了，这种本领多半来自她的导师——“阿妈”。

> 在我生命中的这段时间里，我所拥有和忠于的一切都极为奇异地成对出现：阿妈与她的庄重果断；弗劳尔斯太太与她的书籍；贝利及他的兄妹之情；妈妈与她的欢乐；柯温小姐与她的学识；晚间课程的戏剧和舞蹈。

这部小说被视为成长小说，但成长不是自发完成的，而是需要滋养的，一个人的自我意识不是凭空确立的，而是需要材料、样板，所有这些坚实的、朴素的人都是玛格丽特“成长”的养料，她也意识到了这点：“对英雄与坏人的印象、对爱与憎的区分最初也是在早期的那个环境中形成，并永久地充当着是非评判的标签。多年之后，在小镇成长起来的人们离开了故土，苍老了容颜，甚至连谋生手段、进取之心和生存目标都不再相同，但不管他们戴着怎样的面具，那后面依旧是一张孩子的脸。”

那些图景，那些图景上的人，构成玛格丽特灵魂中最坚实的部分，也构成这部小说最丰富的部分。

《我知道笼中鸟为何歌唱》和同时代以成长为主线的作品又有所不同，因为主人公是黑人，她成长的年代，是黑人备受压迫、歧视的时代。在斯坦普斯，黑人和白人的生活区域泾渭分明，以至于很多黑人孩子不知道白人是什么样。

> 生而为一个黑人是可悲的，我们掌控不了自己的命运。我们在很小的时候，就被残忍地培养为驯服的绵羊，我们甚至可以安静地倾听别人嘲笑自己的肤色，而不做任何辩解。我们都应该死。我想我会很高兴看到我们全部死掉，一具具尸体堆在一起。……作为一个物种，我们面目可憎，我们所有人。

尽管“阿妈”努力撑起自己的尊严，但在白人面前，这种尊严仿佛幻影，时时遭到打击。大萧条时期，“阿妈”曾经借钱给很多黑人和白人，但其中大多数人没来还钱，当玛格丽特因为牙病需要求医时，“阿妈”向曾经跟她借过钱的林肯医生求助，结果遭到羞辱。

玛格丽特曾经仰慕过那些黑人中的江湖人士，因为他们替黑人出气，报复了那些诈骗黑人的白种人。仅有这种快感是不够的，快感只能持续一时，而在更长的时间里，黑人不被当作“完整的人”，没有自我意识，不管是在现实中，还是在文学作品里。他们是符号，是陪衬，有固定形象和描写的套路，哪怕出自善意。他们是永远忠心耿耿的胖女奴，在白人小姐为情所困时，在围裙上擦擦手，替小姐吐槽；是永远憨厚朴直的黑大叔，在白人小孩来度假时示范一两手绝活。仅此而已。

所以，尽管在玛雅·安吉洛之前已经有理查德·赖特、拉尔夫·艾里森和詹姆斯·鲍德温为黑人书写，他们的书写也为黑人在文学上成为“完整的人”提供了证明，但玛雅·安吉洛（以及同时成名的托妮·莫里森）的女性身份却让她们更进一步，不仅写出了黑人的坚韧、乐观、愤怒，也写出了更隐秘的情愫，更不可言说的迷梦，以及更难以启齿的欲望。

文学上的平等大概就是这样的：不再停留在与外部的抗争、愤懑上，而进一步探索和表露自己的内心，毫无障碍地展示和别人一样的内心幽微，而且更机智、更幽默。《我知道笼中鸟为何歌唱》里对玛格丽特童年欲望的描写，对玛格丽特在“旧金山的哈莱姆区”生活的描写，就是这种平等的组成部分，也是这本书的风暴眼，是争议的来源。

时移事往，玛雅·安吉洛书写的时代已经过去，那种强烈的隔离已经不复存在，或者说已经没有当日那样严重。但强和弱的冲突、富有与贫穷的对立会永远存在，永远在我们生活中劈开深沟，让一些人不被当作“完整的人”，处于被忽略的位置。

所以玛雅·安吉洛的小说直到今天也依旧能在我们内心深处引起共鸣。“黑人”不是过去意义上的黑人，而是“所有长着黑色羽毛的鸟”，“他们坚强，他们心怀希望，他们不畏艰难，也不畏神明，唱出自己的歌”。

第三章 被现实粉碎的，由故事来疗愈

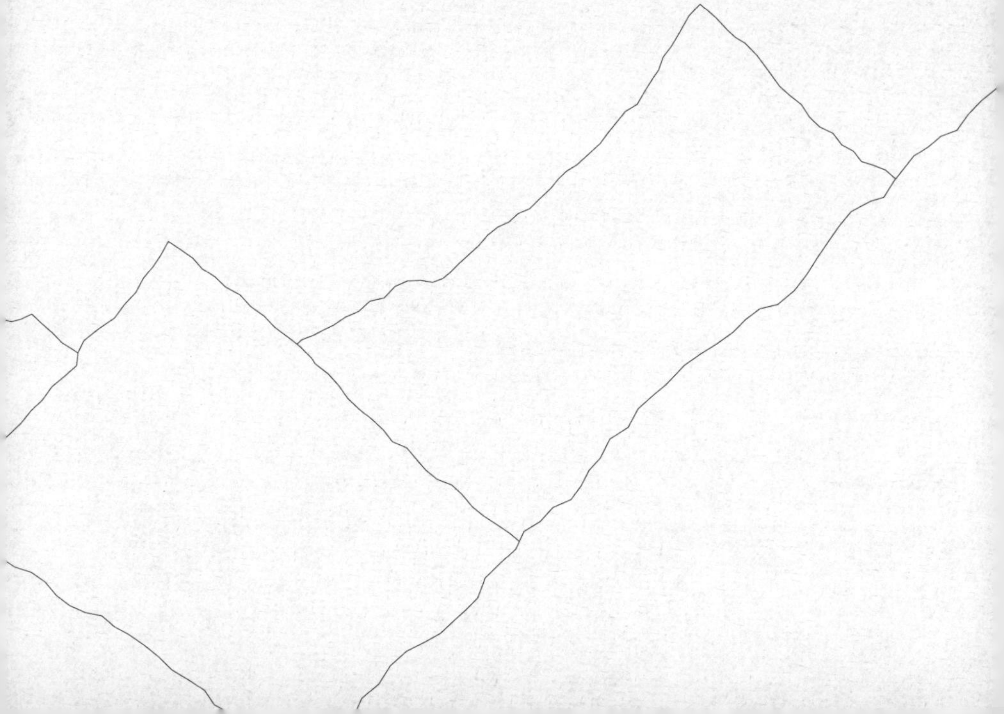

《霍比特人》

他对自己创造的世界的了解，细致到了最后一片草叶

托尔金笔下的神话，不是某个已有神话的当代版本，而是完全依据他的学术背景和知识结构，构建出的一套完整的古代神话故事体系，实际上是往一个传统的篓子里面装进无数精致的细节，并且打造了一套完整的奇幻文艺标准化模式。

在现当代奇幻作品领域中，1937 年是一个非常重要的时间节点，因为一部非常重要的奇幻文学作品这一年诞生，这就是由英国大文豪约翰·罗纳德·瑞尔·托尔金撰写的奇幻小说《霍比特人》。

由于《霍比特人》这部小说出版在特殊的时代，世界各国都在忙着打仗，因此当时的人们对于这部作品并没有给予太多的关注，何况当时很多人把这部小说看作“儿童读物”，因此就更无法引起什么太大的反响了。

但令人意外的是，在随后的日子里，这位语言学出身的牛津大学教授却以《霍比特人》这部“儿童读物”为基点创作出了一系列史诗作品。而《霍比特人》和《魔戒》这两部小说，也被视为当代奇幻作品的开山之作。

当我们回到 1937 年这个节点，还会发现另一个非常有趣的现象。就在世界各国在“二战”中打得火热的时候，西方奇幻漫画的几个重量级角色依次登场：1938 年，超人诞生，1939

年，蝙蝠侠诞生，隔年的1941年，美国队长诞生；到了20世纪60年代“冷战”时期，绿巨人、蜘蛛侠、钢铁侠、青蜂侠、X战警系列里的变种人等角色也陆续亮相。也就是说，那是一个幻想世界诞生的年代。

当时代大跨步进入新世纪，这些在上世纪诞生的幻想作品又结出了新的果实，它们在银幕上有了一次大爆发，共同缔造了新时代的奇幻科幻潮。

著名电影导演彼得·杰克逊也是托尔金的书迷，他先后凭借《魔戒》三部曲和《霍比特人》三部曲一举成名。他不仅赢得了全世界指环迷的爱戴，还因此获得了全球无数影迷的顶礼膜拜。彼得·杰克逊凭借该系列电影先后获得了奥斯卡奖、金球奖、英国电影学院奖等几大国际重要影视奖项的大满贯，为全世界奇幻作品爱好者打造了一篇恢宏的中土世界魔幻史诗。

比托尔金小整整三十岁的漫画奇才斯坦·李则野心勃勃地塑造了另一个动漫影视帝国，一部包含超过五千种角色的超级英雄系列作品，并在漫威和迪士尼等好莱坞巨头的帮衬下，将几百位经典的超级英雄角色搬上大荧幕，为不止一代年轻人留下了青春记忆。

托尔金和斯坦·李这两个神奇的摩羯座男人，给当代社会树立了两座无法超越的奇幻巨塔，他们作品的影响力触及了几乎所有的流行文化领域，包括文学、漫画、动画、电影、游戏、时尚等，不一而足。

那么，为什么这些神奇的人物会在1930、1940年代共同爆发呢？因为工业社会的种种发明创造拓宽了人们的思维和认知，给人们创造了更大的想象空间，交通和信息的便利也让人们了解到了全然不同的景象和生活，给创作者带来了全新的刺激、全新的体验，可以用作创造新世界的素材。另外，战争、经济危机、战后的秩序重整、政治阵营的对垒、现代工业造成的污染，也让人们渴望找到解决之道，各种英雄由此诞生。

当整个世界的秩序尘埃落定，现代工业创造的奇观逐渐成为人们的日常生活，这种渴望也就逐渐消失了，就会出现无法打造新神话的现象，所以现在的好莱坞消费的还是将近一个世纪前创造的英雄和神话。

那么接下来就看看这部由托尔金创作的《霍比特人》究竟给我们塑造了一个怎样的世界。

故事一开始，托尔金为我们描绘了一幅田园画卷。一个名叫霍比屯的小村庄里居住着霍比特人，他们生活富裕且安详，住在干净整洁的地底洞府里面。霍比屯周围方圆好几里都是一望无际的绿色山丘、丰饶的农场、结满果实的树林。那个世界一片宁静祥和，就像托尔金写的“噪音比现在少，绿色比现在多”。故事的主人公霍比特人巴金斯，就在这里过着安逸平静的生活。

然而一位名叫甘道夫的巫师和一群矮人的出现，却让巴金斯意外地卷入了一场冒险。巴金斯跟随甘道夫以及这群矮人穿越了茂密的森林、汹涌的河流、雾蒙蒙的山脉，克服了艰险的自然环境，遭遇了各种意想不到的敌人，帮助矮人找回了他们失去的财宝，并最终回到了自己的故乡。

托尔金笔下的大自然是宏伟的，但其生命力不只体现在形态上。作者对各种自然事物都怀着无比的热忱，甚至给他们赋予了鲜活的生命——庞大的山脉在夜晚会活化为岩石巨人；茂密的森林里隐藏着精灵和树妖；神秘的河流看似平静，实际上却充斥着各种魔法。出于对自然的憧憬而赋予其生命，这种观念带有浓厚的原始宗教中自然崇拜的色彩。

托尔金对自然怀有独特的感情，尤其是树木。在他看来，树木是大自然派来的信使，大多数人类的寿命都远远比不上这些庞大而古老的生物。托尔金甚至自封为树木的终生捍卫者，并且声称，他眼中的树木的重要性不亚于动物保护者眼中的动物。

这种对于自然的热爱和狂想，不仅体现在《霍比特人》这部小说的字里行间，也体现在这本书的封面插画上。在托尔金本人亲手绘制的封面插画上：浓密的绿色森林随着远处灰色的山脉层层铺开；山脉上方，太阳和月亮同时出现在天空，巨鹰和恶龙飞翔盘旋，显示出中土世界所具有的神秘特性。一幅图画，几个鲜明的意象，就概括出了托尔金笔下的奇幻世界。

这说明他对自己创造的这个世界了然于胸，一草一木都是真实存在的，就等他细细描画出来了。所以，有作家曾这样评价托尔金："他是一个谨慎的创世者，对自己世界的了解细致到了最后一片草叶。"

但是我们又会发现，在《霍比特人》的故事中有两种截然不同的世界观在相互对抗：一边是绿色的、环保的、充满生机的自然风貌，田园诗般的纯净生活；另一边是黑暗的、恐怖的、充满了危机和邪恶的黑化世界。用托尔金自己的话说，"一个安全的仙境对于任何一个世界来说都是不真实的。"两种世界的对比，让他塑造的世界显得更加真实。

如果说托尔金挚爱的故乡英国是他故事中所有的自然景色和美好想象的灵感来源，那么这种不安与危机感，则源于托尔金的战争经历。

《霍比特人》这部小说一共描绘了三场关键战争，第一场战争发生在主线故事之前。

故事中的另一个重要角色是矮人部族的领袖索林。索林的父辈曾经在中土世界里一个叫作孤山的地方发现了许多的黄金和大量的珠宝。矮人们不断集结，在孤山地带开掘隧道、挖掘矿藏，打造了宏伟的宫殿和作坊，建立起一个伟大的矮人王国，积累了无比巨大的财富，附近的几个人类的河谷城镇也随之变得富庶起来。索林的祖父因此声名远播，成为受人尊敬的山下之王。

然而巨大的财富给矮人王国招致了一场灭顶之灾。一条来自北方大陆的恶龙史矛革突然袭击了矮人王国，将几乎所有矮人屠杀殆尽，附近河谷城镇也淹没在恶龙的火焰之中，变成了一片废墟。恶龙史矛革从此便盘踞在了孤山深处，占领了矮人的所有财宝。索林及另外十二个矮人侥幸逃过一劫，他们失去了自己的国家和财富，只能在中土大陆四处漂泊。

多年后，在一个偶然的机遇下，这些矮人在游方巫师甘道夫的帮助下来到了霍比屯，打算和霍比特人巴金斯一起重返孤山向恶龙史矛革复仇，并夺回曾经属于他们的国家和财富。这场战争是故事主线展开的前提。

第二场战争发生在人类和恶龙之间。当巴金斯和矮人一行人偷偷潜入孤山深处，准备和恶龙展开周旋的时候，恶龙史矛革却将矛头对准了离孤山不远的人类城镇，因为它确信这些矮人正是在人类的帮助下，才能够胆大妄为地踏上它的地盘。史矛革本以为能够像过去那样轻而易举地扫平人类城镇，但这一次他不仅没有得逞，反而因为自己的弱点被人发现，死在了人类英雄巴德的箭下。

从这一章节开始，随着情节的进展加快，故事里的世界变得越来越庞大，故事叙述线不断增加，《霍比特人》已然从一个格林童话式的冒险故事，变成了一部充满魔幻元素和宏伟战争场景的英雄史诗。

第三场战争被称为“五军之战”。当恶龙被人类杀死之后，大家面临的最大危险也就消失了，但孤山深处的宝藏却引发了矮人、人类和精灵三个部族之间的纷争。正当三方剑拔弩张的时候，甘道夫却带来一个意外的消息：盘踞在北方的半兽人和野狼早已对他们的领地虎视眈眈，因为得知恶龙已死，已经集结了大量的人马前来，并且即将到达孤山附近了。面对共同的敌人和危机，矮人、精灵和人类再次团结到了一起，经历了一场惨烈的战争，并最终共同击退了敌人。整个故事也就此告一段落。

战争这个主题不仅在托尔金的作品中占据着重要的地位，也是他本人生命历程中无法磨灭的记忆。1916 年，年仅二十四岁的托尔金跟随英国军队奔赴前线，亲身经历了“一战”中规模最大的索姆河战役。在这场战役中，英法德三军共计伤亡一百三十四万人，在战争最惨烈的时刻，英国军队在一天之内就有六万士兵阵亡。托尔金目睹了自己的朋友和战友在身边丧命，这不禁让他思索：我究竟为何而战，难道是为了神？

有评论家曾经提出过这样一种观点：那些经历过残酷战争、受过严重心理创伤的作家，都有非常强烈的表达欲望，但奇怪的是，这其中很多人都无法通过现实主义的文学手法来进行创作，只能把创作能量倾注于异想天开的奇幻作品。或许是因为他们下意识地回避现实战争的残酷，只能用幻想的方式再现它。托尔金就是其中一员。

与此同时，也恰好是在“一战”结束之后，中世纪文学传统得到了一次前所未有的复兴。有一些作家认为，如果传统社会的解体和工业文明的兴起是无法扭转的大趋势，那么在这种大前提之下，一个民族如果想要找到“文化安全感”或者某种心理寄托，最有效的方法不是直接回归古代传统，而是在现实的基础上架构出一个新的当代神话，通过这种新的神话去接近民族文化的发端与起源。

托尔金曾在给朋友的书信中提到过这样一种困惑：在茫茫书海中找不到一种自己喜欢的文学类型，是一个令人困惑且恼火的事情，最后他得出结论，与其费尽心思去寻找这种不存在的作品，不如亲自动手写出来。《霍比特人》这部小说，正是托尔金试图构建欧洲乃至整个西方世界新神话的第一步。托尔金对于写作的大胆尝试是其他专业作家不敢想象的，但最终结果证明，这个没有任何专业写作背景的语言学教授，却成为了一种新文学形式的奠基人，创造了一种前无古人的新神话。

托尔金笔下的神话，不是某个古已有之的神话传说的当代版本，而是完全依据他自己的学术背景和知识结构，构建出来的一套完整的古代神话故事体系。所有古代神话，包括很多宗教文本在内，都是经过几代甚至几十代的文化传承者们共同打造出来并流传至今的。托尔金的过人之处，在于他自身具备非常扎实的古代文学和语言学功底，因此他能够凭借一人之力，打造出一套非常完整的神话故事体系。

这套故事体系有三个重要的文学来源。第一个来源，当然就是托尔金本人的专业背景。《霍比特人》和《魔戒》都有着坚实的语言学基础，托尔金的本职专业是研究盎格鲁-撒克逊语，也就是我们常说的古英语。为了提高故事的丰富性和完整度，小说中经常会出现一些生僻的名词，甚至是一套新的语言，这些语言都是在语言学的基础上创造出来的。比如小说中的精灵语和矮人使用的如尼文，就是托尔金为了写作而积极创造出来的新语言。

第二个来源，托尔金作品中的一部分灵感来源于欧洲中古时代的社会传统和神话故事，这些故事中常常出现雄伟壮观的宫殿、穿着华丽盔甲的骑士、宏大的冷兵器战争场面以及各种英雄故事。

第三个来源，托尔金的小说也反映出一种典型的口语叙事传统。比如，他的小说中常常出现大量的人物对话，大段的唱词、诗歌，这一方面丰富了小说的文本形式，也便于将作品朗读出来给自己的孩子们听。

托尔金的小说与我们现在接触到的很多当代文学作品有很大不同。在当时那个年代，人们日常生活中没有电脑特效，没有 3D 电影，没有大场面视觉奇观，托尔金只能靠单纯的叙事和想象力来吸引读者。一个奇幻故事不但需要作者的想象力，也需要读者的想象力。用一个互联网时代的词汇来形容，奇幻文学是一种“交互式”的文学形态。

这种文学形式的魅力在于，它不单单依靠各种稀奇古怪、不可思议的意象去输出某种故事和概念，而且需要读者也带着同样的热忱和投入，发挥自己的主观能动性，在脑海里拼凑出一个完整的世界。这是奇幻文学一个相当重要的特征。

年轻人应该都很熟悉暴雪公司旗下《魔兽世界》和《魔兽争霸》这两款经典游戏。即使没有玩过，至少也听说过这部游戏中的很多经典角色，比如半兽人、人类、精灵、矮人、法师等各种职业，以及部落和联盟这样的阵营划分。

这些角色通常都有一些非常明确的属性和标签。比如，半兽人通常有着狰狞的长相，性格暴戾残忍，他们群居在阴暗的洞穴中，善于使用弯刀、斧子等兵器，可以将野狼等同样凶残的动物驯化为他们的坐骑；精灵是高贵而强大的角色，他们栖息在森林深处，建造出华丽的魔法宫殿，在战斗中灵巧而敏捷，弓箭是他们最擅长的武器；人类是分布最广的族群，他们能够适应各种自然条件，制作各种机械和道具，并建立起适于人类居住的城镇，人类出类拔萃的角色被称为英雄，统领人类的战士，抵抗各种外敌入侵；矮人同样是战斗能力超群的种族，他们虽然身材矮小，但力量惊人，喜欢打造各种兵器和神秘的武器，还非常善于挖矿，喜欢积累财富；法师则拥有过人的感知力和魔法，熟悉各种语言，能和各种生物交流，虽然人数稀少，但通常都能在战斗中扮演鼓舞士气和施展强大法力的关键性角色……

这些人物特征，是不是都听起来非常熟悉？没错，实际上这些设定几乎全都来自于托尔金。在《霍比特人》这部小说中，托尔金不仅创造出了这些各具特点的角色，还把他们合理地安排到了每一个情节当中，产生出复杂的角色关系和互动，推进了剧情的不断发展。

美国著名作家斯蒂芬·金曾这样评价托尔金："我对托尔金想象力的广度深为折服，对他的故事所具有的那种抱负心领神会。感谢托尔金先生，让20世纪享有了它所需要的所有的精灵和魔法师。"斯蒂芬·金的评价并不为过，可以说，正是托尔金一手创造和界定了现代奇幻小说的角色标签和审美特征。

托尔金将霍比特人作为他奇幻文学帝国里的一个主角，乍看起来令人有点费解。霍比特人喜欢安逸舒适的生活，居住在干净整洁的地底洞府里，身材矮小，不会任何魔法，战斗能力也比不上其他种族，可以说没有任何过人之处。

但在小说中，我们的霍比特人主角巴金斯却在一开始就成为了一个至关重要的人物。他和巫师甘道夫的相遇，与其说是意外，不如说是命中安排。而甘道夫也认定这个貌不惊人的霍比特人将成为帮助矮人寻回财宝和家园，甚至是保护整个中土世界免于灾祸的关键角色。在整个冒险过程中，巴金斯虽然一开始总是唯唯诺诺、胆小怕事，甚至给整个团队拖后腿，但不久之后，他就凭借自己单纯善良的性格和充满勇气的行为，向那些看低自己的矮人证明了自己的价值。在故事后半段，也正是由于巴金斯所发挥的关键性作用，让矮人、人类、精灵三个部族之间几乎是难以调和的矛盾得以化解。

但托尔金为什么要将这样一个看起来毫无“主角光环”的人物设定为故事的关键角色呢？我们可以从两个角度做一些简单的推测。首先，《霍比特人》这部作品一开始其实就是作为一部面向十岁到十二岁儿童群体的读物而写作的，也是托尔金讲给自己的孩子们听的枕边故事。霍比特人这个看起来普通、平凡、有亲和力，甚至是有点可爱的角色设定，非常容易让读者产生亲近感和代入感。

其次，霍比特人这种角色设定很好地串联起了其他故事和角色。霍比特人与世无争，是整个中土世界里相对中立的一个种族。他们不像精灵那样，有高贵的血统和冷艳的气质；不像矮人那样，有强大的战斗力和精湛的技艺；也不像人类那样，有那么多的欲望和野心。托尔金在霍比特人身上寄托了他对上帝美好造物的想象，他们单纯且善良，富有同情心，看重生活，看重友谊。这些真正美好的人性价值，正是作者赋予霍比特人的重要特质。他们的存在带出了其他种族的存在，他们的特性相互映衬，既显示了现实中人的复杂性格，也带来了丰富的矛盾冲突和故事。

除此之外，霍比特人巴金斯还在旅途中意外获得了一枚关键道具：魔戒。这个物品在《霍比特人》的故事里仅仅是作为一个神秘道具而出现的，戴上魔戒的人可以隐身，因此它多次帮助巴金斯摆脱了险境，但它其他不为人知的神秘力量还有待发现，这就为以后的故事留下了巨大的空间。魔戒这个关键意象，也成为了托尔金之后那部最重要作品的主题。

1937年《霍比特人》出版之后，出版社又请求托尔金写一本续集，然而收到的却是一本洋洋洒洒五十万字的《魔戒》。此后，一个更加宏伟的奇幻故事和中土世界便由此展开，而那些其貌不扬、单纯善良的霍比特人依然是故事的主角。

作为一名知识分子、一个杰出学术机构中的顶尖学者，托尔金本应该在他最为擅长的领域内进行创作，他也完全有能力在自己的研究领域内做出贡献（比如出版一些关于神话学、语言学的论文和专著才是为学术界所承认的贡献），但托尔金却选择成为英国文化传统中的一个“异类”。

创作《霍比特人》和《魔戒》令他周边的很多亲朋好友感到难堪，因为在当时奇幻小说还是一种不被评论界重视的亚文化，难登文学世界的“大雅之堂”。但托尔金认为，在这样一个领域进行开掘，其成就不亚于甚至超过在学术领域深耕，这种创作让他的学术心得变成了鲜活的，他也用这样一种方式让他热爱的那个世界得以复活。

果然，随着《霍比特人》和《魔戒》的成功，奇幻文学逐渐得到了全世界广大读者、评论家以及其他艺术领域的重视。他的作品不仅被广大读者奉为经典，也成为了后世其他奇幻作品创作者的灵感来源，影响力逐渐从文学领域，延伸到了漫画、动画、电影、游戏、时尚等其他流行文化领域。

值得注意的是，托尔金并不是靠各种奇思妙想和反转曲折的故事来铺陈他的中土神话帝国的，因为霍比特人和魔戒的故事其实都不复杂。托尔金所做的事情，实际上是往一个传统的篓子里装入无数精致的细节，并且打造了一套完整的奇幻文艺标准化模式。就像乐高积木一样，每一块积木都很普通，但可以凭借小小的积木创作出非常多样的内容。后世的创作者们因此可以在托尔金的创作基础之上进行演绎，快速搭建多种多样的作品。

托尔金是一个典型的完美主义者，这种完美主义倾向渗透进了小说的字里行间。在他的创作中有一个非常重要的观念：名字第一，情节第二。比如当他要描写一个人物故事的时候，总是先设计好人名和事物的名字，然后再围绕这些被命名的事物来展开故事情节。他极为在乎事物的名称，以及这个名称背后所包含的一连串文化传统和历史背景。为了塑造精灵这个极具特色的形象，托尔金还利用自己的语言学知识背景，为其发明了两套完善的语言系统，这些语言系统有非常完善的字母体系、拼音词汇、常用语法。

再比如，在托尔金用文字创作《霍比特人》和《魔戒》的过程中，还同时为这些作品绘制了一百多幅插画。在托尔金看来，绘画和写作密不可分，通过绘制各种草图和地图，能够帮助他更好地构建那个庞大而复杂的中土世界，理清各种人物和故事脉络。

通过这样艰苦细致的创作，他在继承中世纪文学传统某些特质的基础上，拓展了奇幻文学能够承载的主题和价值，实现了这一几乎干涸的文学体裁的复兴。托尔金将魔法、精灵、巫术、神话等这些现代人行将遗忘的元素再次利用了起来，挑选出这些元素中富有魅力的一面，创造出了一个充满想象力和冒险的“新神话世界”；满足了当代人在科学理性的认知模式和刻板平淡的生活之外，对于幻想、冒险和不确定性的向往和追求。

但是，托尔金并没有提供一种全然虚幻的“假世界”，而是在作品中处处反映出对现实世界的思考，对“另一种真实”的感知。这种恰到好处的平衡，给战后缺乏精神依托的现代人，以及生活在这个意义碎片化的当代世界的都市人，提供了重构精神和价值信仰的希望。他复活了一个存在于人们想象中的旧世界，也让它成为新世界的重要组成部分。

《侠隐》

武侠文化为什么迷人

武侠小说更重要的是如何体现侠的精神，而不单是凭高深的武功打赢了多少人。“侠”是一种精神气质，是一种对生命、财富、声名的不以为意，是对生命意义的不断探究和不断放弃，是一张冷漠面孔上的一抹浅笑，是走向落日的背影。

很多人都有过武侠梦，尤其是在八九十年代长大的我们，都曾读过金庸、古龙、梁羽生、温瑞安、独孤红、陈青云，看过很多武侠片，对狄龙、姜大卫、施思、苗可秀像老友一样熟悉。

很多人不只满足于读和看，而是已经身体力行地开始练武了。我曾在后院空地上照着《武林》杂志上的拳谱练武，还有好几个朋友曾经逃学到少林寺去学武术，在少年的心中，似乎技艺一旦修成，整个世界都会任我游走，再也没有烦恼忧伤，只有无穷无尽的自由。

成年以后，我开始认真考虑，武侠小说好看在哪里？武侠小说为什么会成为“通俗文学”中的“最大公约数”？武侠为什么会成为整个华语文化圈共享的主题？华人作家张北海的小说《侠隐》或许能为我们揭晓这些问题的答案。

张北海是一个很有意思的人，人生经历也相当丰富。他祖籍山西，1936 年出生于北京，1949 年随家人移居台湾。他是中国古典文学研究专家叶嘉莹女士的学生，先后就读于台湾师范大学和洛杉矶南加利福尼亚大学，分别学习英文和比较文学两个专业。大学毕业后，张北海定居纽约，在联合国工作了二十多年，期间写过很多关于美国的散文和故事，并结交了很多在纽约打拼的中国艺术家和文学青年，还参与创办了纽约第一份华文当代艺术刊物：《新土》杂志。退休后，张北海的写作对象从现代美国转向了民国时代的老北平，写作体裁从散文转向了长篇小说。他花了六年多时间，写出了自己的第一本长篇小说《侠隐》。

了解了他的生平之后，我们可能会产生两个疑问：第一，第一次写长篇小说，张北海就选择了武侠小说，为什么？第二，作者在美国生活和工作的时间很长，但他为什么选择自己不熟悉的民国时期作为整部小说的时代背景？

把“武侠小说”这个概念分解一下，可以分成“武”、“侠”和“小说”这三个部分。

当代武侠小说家梁羽生认为，在武侠小说中，“侠”要比“武”更加重要：侠是灵魂，武是躯壳；侠是目的，而武是手段。因此在武侠小说中，更重要的是如何体现侠的精神，而不是表现侠客有多么高深的武功，或者凭武功打赢了多少人。

而在“侠”这个概念中，有一个非常重要的主题：报仇和报恩。恩情和仇恨，是中国传统文化中非常重要的一环，同时也是一种处理人伦关系的准则。更重要的是，报恩和报仇也是一种生命的准则：一个人把自己的生命与报恩和报仇牵系在一起，看起来非常快意，但从另外一个角度来看，又何尝不是对自己生命的轻视。在报恩或者报仇的过程中，自己的人生被搁置了，自己的生命意义被转移了，恩怨情仇成了浪漫的终极目标，为恩怨情仇付出的所有，都成为一种轻易又慎重的努力。

所以“侠”有时候也是一种精神气质，是一种对生命的不以为意，对财富声名的不以为意，是对生命意义的不断探究和不断放弃，是一张冷漠面孔上的一抹浅笑，是走向落日的背影……拥有这种精神气质的，都可以称之为“侠”。有位写民国的作家在提到民国的妓女时，认为她们身上那种对自己生命毫不在意的态度和对金钱的肆意挥洒，也形成了一种侠气。

《侠隐》这部小说，就是从一个报仇的故事开始的。

故事的主人公李大寒是一个年幼便失去双亲的孤儿，一岁多时就遭人抛弃。幸运的是，他被一位江湖上鼎鼎大名的武林人士收养了，这个人就是太行派掌门人，人称“太行剑”的顾剑霜。李大寒在师父一家人的抚养下长大，他品行端正，武艺超群。不久后，顾剑霜就决定将掌门的位置传给他，并将李大寒的师妹许配给他。然而，一场突发的灭门惨案，让李大寒的人生走上了另一条完全不同的路。

原来，早已被赶出师门的太行派弟子朱潜龙，因为自己身为大师兄却没能得到掌门之位，同时被自己的师弟抢去了钟情已久的师妹，因此心生妒忌，并怀恨在心。在李大寒和师父一家人聚会的这天夜里，朱潜龙勾结了一个名叫羽田的日本特务枪杀了自己师父一家，并放火烧毁了顾家人所在的太行山庄。

身中三枪并被大火烧伤的李大寒奇迹般地死里逃生，被一位名叫马凯的美国医生救起，躲过一劫。而整个太行派就只剩下李大寒，和一位远在他乡、对师门惨案还并不知情的师叔。马凯医生把李大寒抢救过来后，让他在一家外国人办的孤儿院里生活，像对待自己的子女一样照顾李大寒，并让他化名为李天然，最后一同返回美国。六年后，也就是本书中故事展开的 1936 年，李天然以华侨身份回到了北平，但他没有忘记当年的师门惨案。整部小说，就是围绕着李天然报仇的故事展开的。

在一个武侠故事中，报仇作为一种目的，不仅可以支撑起整个小说的主线，也能让剧情更加吸引读者。既然这是一个报仇的故事，就必然存在一个善恶对立的二元世界观，这也给整个小说提供了核心矛盾和推动情节发展的动力。这就腾出了更大的空间，可以让作者在这个框架下放置一些自己的东西。

在武侠小说中，侠比武更加重要，侠是目的，而武是实现侠的手段。但这不等于说武就不重要，试想一下，如果金庸的小说中没有精彩的高手过招、动人心魄的打斗交手、博大精深的武功秘籍，那么作品的魅力必然会大打折扣。

风靡整个中国的新派武侠小说对各种武功和打斗场面的刻画，已经发挥到了极致，甚至成为了一种固定套路，想要在前人的基础上写出新花样，已经非常困难。在《侠隐》这部小说中，张北海选择另辟蹊径。主人公李天然身为太行派年轻的掌门人，已经是武林中一等一的高手，但故事中描述他真正出手与人过招的场面不超过五次，篇幅不超过二十页。

然而，正是作者这种克制、精练的文字，才塑造出一个“不鸣则已、一鸣惊人”的侠客形象。李天然每一次出手都必有结果，通常都是一两招之内就能达成目标或者击毙对手。他第一次出手，就一掌击毙了杀害自己师父一家的日本人羽田；第二次出手，打断了日本特务头子、剑道大师山本的手臂；第三次出手，是在故事的结尾部分，李天然终于亲手杀死了制造自家灭门惨案的元凶大师兄朱潜龙，以及另外两个亲日分子，完成了最终复仇。在描写这些场面时，张北海赋予了主人公杀手般的冷静和果断，在生死存亡的一瞬间，主人公几乎没有任何失手。

通过对武打场面的描写，我们一方面可以获得阅读快感，尤其是反派被打败，正义得到伸张的时候，快感简直达到顶点；另一方面，武侠小说中的打斗，绝大部分都伴随着暴力和杀戮，激发着文明社会中每个人身上嗜血的欲望，这是我们从打斗场面中获得的隐秘的黑色乐趣，如同月之暗面。

对于“武”这个元素的使用，可以说是一把双刃剑。驾驭得好，能让作品增色不少；驾驭得不好，就不仅容易落入“打个没完”的俗套，甚至会因为过于暴力血腥而让人产生反感。在《侠隐》中，作者对于这个元素的运用，可以说是点到为止、恰到好处的，他没有为打而打，也没有另生枝节、打个没完，而是把动作场面，和个人的性格、命运牢牢绑定在一起，既不显得突兀，也和整部作品的时代背景非常贴合。

中国文学历史上，武侠小说一直被中国的文人墨客看作是一种娱乐性读物，也就是所谓的市井文学、通俗文学。游侠用他们的存在方式，提倡着一种挑战权威、冲击伦理规范的理想主义精神，这是和儒家文化不大一样的。它像是一条文化副线，并没有被认真对待过，许多古代作家也写武侠小说，但更多是作为朋友间交流的谈资，也是为了显示自己的性情，让别人看看自己是多么浪漫、旷达，又多么富有想象力，他们对待武侠小说似乎很认真，但似乎又很不认真。

因此，武侠小说始终没有真正发展壮大起来，直到 20 世纪之后，武侠小说才借助出版业的兴盛和报纸副刊的发达而逐渐壮大，并且逐步形成了一种自己独有的风格类型。不过，正是因为武侠小说自由度非常大，给了作家巨大的创作和想象空间，可以放置很多“正经”文学作品无法放置的东西，武侠小说最终成为一种具有“综合”性质的文学类型。

以《侠隐》为例，在这部小说中，除了侠客李天然为师门报仇这条主线之外，我们还可以从故事中读到各种其他类型的小说中才会出现的情节。比如，对于主人公李天然和女孩巧红的情感关系刻画，就是言情小说中才会出现的情节，是所谓“侠骨柔情”；比如小说中对于老北京生活中吃穿用度、房屋建筑、胡同街道的大量描写，是世情小说、现实主义小说中才会出现的细节，所以专栏作家钱德勒说，《侠隐》其实是《舌尖上的北平》《午夜北平》乃至《北平女子图鉴》。比如，整个故事中的各种社会事件、媒体报道，都是和真实历史一一对应的，这又让它像一部历史小说。再比如，随着主人公李天然与各路人马的交集不断加深，杀害他师父一家的凶手的线索也被层层揭开，这种剧情安排又和推理悬疑小说非常相似。

小说的形式、主题被限定之后，作家反而获得了最大限度的自由。武侠小说看起来是戴着镣铐的，要接受主题、形式、故事甚至语感的限定，也就是要写得“像”武侠小说。一旦完成这个限定，也就解决了故事结构上的问题，甚至完成了对可读性的追求，反而可以在别的地方多用力。所以很多好的类型小说其实是跨类型的，例如古龙的武侠小说同时也是推理小说，斯蒂芬·金的恐怖小说同时也是心理小说、社会问题小说。我们当代的武侠小说更是这样，它能够承载不同领域的内容，综合众多不同的情节，而不产生任何“违和感”。

简单总结来说：武侠小说以“报恩和报仇”这个主题，凸显出善恶斗争的二元矛盾；以扣人心弦的武打，来表现暴力和杀戮情节；以综合其他文学类型的包容特性，来实现作者更大的写作自由和更多元的情节内容。以上这些优势和特点，就是武侠小说引人入胜的重要因素，也是作者选择武侠这个类型来进行创作的重要原因。

那么作者为何要把故事的时代背景放在抗日战争前夕呢？

作为一部长篇小说，《侠隐》的故事主要集中在 1936 年至 1937 年期间，时间跨度可以说非常短了。但是，了解历史的读者或许都知道，在中国现代历史上，很多对于中国和世界历史进程有着重大影响的事件，都是发生在这一年多的时间里。

纵观整个武侠小说的历史，我们也会发现，武侠小说作家很喜欢把故事放在王朝更替、世事动荡、战事频繁的所谓“乱世”，也就是原有的社会等级划分和道德伦理发生大变动、大流动的时候。这样的时代出故事。武侠作品中描绘的江湖世界，充斥着各种秘密社团，人们的行事为人也要遵守另一套法则，是一个不受王法约束的“桃花源”和“乌托邦”。两个世界之间有落差，有缝隙，也都有重建秩序的需求，这更能出故事，凸显人性。

《侠隐》的故事，就发生在这样一个特殊的历史背景之下。

小说发生的 1936 年至 1937 年，欧洲和美国的国际主义观念正在瓦解，日本正在中国华北采取大胆的行动，试图吞并整个华北，消除国民党在这一地区的影响，同时期还有其他外国列强存在。在这种历史时期，能够出现一位突破国家外交手段和政治妥协，为平民百姓主持正义的侠客，就恰好切中了大众的心理需要。

在小说中，被李天然列为攻击目标的两个日本人羽田和山本，一个是因为与主人公有血仇，一个是因为侮辱了武林人士；而这两人刚好是日本特务机关长土肥原贤二的重要部下。李天然先是杀死羽田，随后又打断了山本的手臂，这两件事都是大快人心的，甚至有人在报刊上发表了赞扬这位“侠隐”的匿名诗歌，将其比作“燕子李三”。

张北海让“侠隐”出现在民国的这个时间点，自然是为了符合这种“乱世出豪杰”的传统设定和历史需要，但另一方面，也是因为民国的社会和封建皇权时代的社会有着本质上的区别。当现代国家和工业文明初步发展成型，各种国家机构和法律法规建立起来之后，过去江湖上“有仇必报，杀人偿命”的原始逻辑肯定是不能被接受的，甚至会被视为反社会的行为，也只有在抗日的背景下，李天然快意恩仇的侠客行为才有足够的合理性。

但即便这样，李天然的行动也已经不那么畅快淋漓了，他不能像过去的武林人士那样，和自己的对手当面对峙，光明磊落地大打出手、一比高低了。他不得不隐姓埋名，化身“侠隐”，用“燕子李三”的名号来扰乱官方视线，并利用各种人际关系和社会职业来为自己打掩护。

也就是说，这可能是中国历史上最后一个能够容纳“侠客”的时代了，也只有借助这样一个微妙的时刻，才可以让我们看到两个时代交接，新旧传统交接是一种什么样的情形？中国传统的那个侠义江湖跟我们所处的这个凡人世界碰到一起时，人们是如何应对的？“路见不平拔刀相助”的游侠精神，与现代社会遵从的法律与秩序，这两者之间的矛盾如何解决？在抗战前夕，大敌当前的历史特殊时刻，国仇家恨和个人恩怨，这两者孰轻孰重，谁先谁后？这些问题和矛盾，也正是作者想要通过这部小说来进行探讨的话题。

这也是张北海选择这样一个时代的原因。尽管中国古代历史上有那么多的乱世，可以书写更为“纯粹”的侠客故事，但他却选择了民国这样一个已经“不纯粹”的历史时期。他的目的就是跳脱出原来简单的武侠小说设定，表现一个更为复杂的江湖，一个更为复杂的时代。

这个时代节点过去之后，那个传统的武林社会慢慢消失了，武林社会背后的整个时代也慢慢衰亡了，身在其中的人感受到的只有浓重的怅惘之情。

拿张北海举例，虽然他出生在北平，但在他出生的第二年就爆发了抗日战争，北平乃至整个中国的局势都发生了激烈的动荡，他只能从父辈的描述中和回忆中获得一些关于帝都繁华景象的印象，但从此刻开始，那个往日的北平就成了他的精神故乡。

当李天然经历了漫长的国外生活，再次回到北平时，他这样写道：

> 他隐隐有一点回家的感觉，虽然北平也不是他的家。可是，他也根本没有家。自从师父一家人一死，他更没家了。

这是作者自己去国离乡的真实感受，也是小说里的侠客必然会有的感受，他们都背井离乡，四处浪迹天涯，无法过上安居乐业的日常生活，漂泊感油然而生。

在小说的后半部分，一向希望保持独立姿态的李天然，终于接受了拥有官方背景的神秘人士蓝青峰的要求，在了结私人恩怨的同时，帮他除掉另外两个敌对阵营的亲日分子。李天然逐渐意识到，自己身处的已经是一个越来越复杂的社会，单纯去思考江湖恩怨已经没有意义了。因为如果国家没有了，任何人都无法安居乐业；武林没有了，江湖也就消失了。他不但想要加入秩序重建的队伍，也想用这种方式，和整个世界建立更多、更深刻的联系，也就是扎下根来。

这也是哲学家西蒙娜·薇依所说的“拔根”和“扎根”状态，生活在这个世界上的人，常常因为战争、灾难、政治、金钱，处于一种“拔根”状态，但他们也会积极地改变，试图在新的生活里扎下根来。

这也就解答了前面提到的问题：作者为什么要把故事发生

的时代背景，放在抗日战争前夕？因为那是武林消逝的节点，也是旧世界消逝的节点。生活在这样一个节骨眼上，主人公必定反复面临“拔根”和“扎根”的问题。

讲述这个主题的不只有张北海，作家、导演徐皓峰的许多故事也在讲述“消失的武林”和“消失的旧日世界”，他曾写过民国时期武林人士的口述历史，书名就叫《逝去的武林》。

在徐皓峰看来，“东方人没有教堂，武馆就是教堂”。武馆不仅负责传递武术，也负责把传统秩序、伦理、人情、礼仪传递下去。但时代变了，这些事物都消亡了，即便存在，也在慢慢改变形式。他在《逝去的武林》中说，开武馆的形式是从民国之后才出现的，因为当时的中国面对民族危机与外国侵略，武术界提出“强国强种”的口号，希望能为国出力，训练部队上阵杀敌，武馆既是社团招募新血的地方，也是军队招募士兵的地方。

但开武馆这种广收弟子、量产门徒的形式是没法传授真正的武功的。要学习真正的武艺，就必须是《侠隐》中所描写的顾剑霜和李大寒的师徒关系，徒弟最多三五人，衣食住行都在师父家里。师父不但传授技艺，也传授为人处世的方式，在朝夕相处与言传身教中，传递人生经验和价值观。但很明显，在那个“武术”被视为“国术”的时代，武术逐渐成为了服务国家、保卫家园、凝聚有志青年的工具。传统武林的人际关系已经不能适应这种形势了，武林终于慢慢消失。

附录：姜文的北京，不是今天的北京

《邪不压正》就是他梦中的北京，从童年开始一直身在其中，但又不断想象的那个北京，那个浓荫遍地，鸽哨漫天，又光怪陆离，处处玄机的北京，是一个不可能真实存在的幻梦乌托邦。

自从电影诞生，电影就与城市结下不解之缘，电影和城市关系密切，所以香港作家迈克曾说："城市和电影之间的藕断丝连，说也说不清。而且像一切爱情故事，有时是相见欢，有时是反目成仇。"

电影和城市的关系，是情人的关系。

姜文的电影就有一个永恒的情人，这个情人就是某座城市，如果要给这个城市找一个最接近的模板，那必然是北京。他拍的云南，其实是北京，他拍的广东，其实是北京，他拍的上海，其实也是北京，他拍的北京，更是北京。根据《侠隐》改编的电影《邪不压正》就是他梦中的北京，那个从他童年开始一直身在其中，但又不断想象的北京。就像荣格说的，一个人毕其一生的努力，就是整合他自童年时代起就已形成的性格。

但这个北京，并不是现实中的北京，而是经过他梦幻化处理的北京。因为北京本来就是一个迷梦中的城市，一边真实存在，一边就已经变成梦幻。

无论从文学还是现实的角度，每个时代的北京人，都对北京有着说不完的情意。

我们看到最多的是民国时代的北京，那个被特意称作“北平”的城市。对老舍来说，北平是真爱，而“这个爱几乎是要说而说不出的”。郁达夫说，为留住北平的秋天，他“愿把寿命的三分之二折去，换得一个三分之一的零头”。而梁思成在那个改天换地的时代，在不知道自己的发言会带来什么后果的情况下，也认真地建议着：“城墙上面，平均宽度约十米以上，可以砌花池，栽植丁香、蔷薇一类的灌木，或铺些草地，种植草花，再安放些园椅。夏季黄昏，可供数十万人的纳凉游息。秋高气爽的时节，登高远眺，俯视全城，西北苍苍的西山，东南无际的平原，居住于城市的人民可以这样接近大自然，胸襟壮阔。”

我们在各种资料图片中看到的北京其实并没有这么美，这么值得以命相搏。在慈禧太后出殡的照片里，在外国记者拍下的北京街景里，北京荒凉、落寞，男人都梳着大辫子，穿着破衣烂衫，脸上带着麻木的表情围观砍头，车夫在拉车，灾民在卖儿卖女，妓女穿着华丽的衣服，化着精致的妆，蹲在墙角的石头上等待客人的光顾。

或许那些照片的作者是带着猎奇的心思来的，是主题先行的，北京在他们的镜头里非是如此不可。而在北京人的笔下，北京那么美，那么大，那么沉静，中国第一任教育部长蒋梦麟曾在他的《西潮》中写道："如果你站在煤山或者其他高地眺望北京，整个城市简直像是建在森林里面……根据由来已久的皇家规矩，北京城里只许种树，不许砍树。年代一久，大家已经忘记了这规矩，却在无形中养成爱护树木的良好习惯……"

《城记》的作者王军珍藏着一张 1912 年在白塔俯拍北京的老照片，"多美啊！这样一个可以供养一百多万人口的地方，基本是一个森林，每个院落都有树，一片绿海。绿树下面是青砖灰瓦的四合院……"

在作家林海音在 1960 年出版的中篇小说《城南旧事》，以及根据小说改编的同名电影里，北京也是那么的沉静：幽深的胡同、浓荫匝地的院子、质朴的女佣人、憨厚的人力车夫、悠长的童年，值得安放一段乡愁。

同样作为北京人，王小波笔下的六七十年代的北京，也有着强烈的颜色、气味、形象。在《白银时代》和《黄金时代》两部作品里，他都写到过北京秋天的白杨树，金黄色的叶子潮水一样涌上来，潮水一样退下去。整本书都有一种在秋天的长路上甩着手行走的味道，走也走不完，走也走不到尽头。

北京沉积着无数人的梦，又把这些梦变成了飘浮在北京上空的一个大梦，进入北京的人其实是进入这个大梦之中。

美国学者贾雷德·戴蒙德在《崩溃》中提出了"景观失忆"（landscape amnesia）的观点，认为处在环境变化之中的人会忘记原来环境的样子。中国的急剧变化，让我们对城市产生了“景观失忆”，即便是我们身在其中的城市，我们也记不清它三五年前的模样，只能在影像里去重温它当初的模样。二十年过去，我们对北京的印象就完全失效，但新北京的印象又还要很久才能在我们心目中成形。

姜文则用他的《阳光灿烂的日子》和《邪不压正》，给了我们一个新北京，一场新的迷梦。

无论是张北海的原著《侠隐》，还是姜文的电影《邪不压正》，都是近些年描绘北京的文艺作品中的特例。

张北海出生在抗战前的北京，他对北京的印象建立在他在北京经历的日常生活，以及上代人的讲述还有后来的自己的想象的基础上。因此充满了种种日常细节，北京的街道、吃食、穿着打扮，乃至上流社会的夜夜笙歌。张北海曾在《侠隐》的自序中写道：“这里的北京，不是今天的北京……故事的历史背景，其事件、人物、市容、生活等等，作者都力求符合史实。虚构部分则纯属虚构。”

姜文对《侠隐》原著进行了大刀阔斧的改编，他的电影主角变成了一个更大的北京，有各种细节，承载了更多时势分析、时代隐喻、国民性格批判，作家王恺这样比较二者呈现的北京：“姜文的北京比张北海的北京有力气，也更有视觉。张的北京是味觉，一碗碗北京小吃连缀起来的北京，关大娘只动口不动手，隐忍又风流……姜文的北京呢，是力量和性情构成的北京。是虚构，是刀光剑影，是血海里夹杂着私情，应该是武侠片的一个新拓展。”电影人顿河则说：“被张扬的热血与骄傲，和被掩饰的浪漫与忧伤。梁下魑魅魍魉，梁上胸襟坦荡。北平的香雪海，侠隐的黛瓦云。”

《邪不压正》的主题仍然是复仇，师门血案，侠肝义胆，快意恩仇。那些只存在于缥缈虚幻中的旧派侠义故事中的人物，被安插在充满烟火气息的老北京。

在拍摄之前，姜文及其制作团队通过历史资料和实地考察，搜集了上千张老北京的历史建筑、街道景观、市民生活、民俗文化等影像照片，一丝不苟地安排了电影中所有人物应该和可能出现的场景及活动范围。

这一切，最终化为永定门外呼啸的蒸汽火车、蓝青峰的老二八大杠、肉铺门口的猪尿泡、六国饭店里的谈笑风生、主人公李天然的行走线路……所有这些关于老北京的景观符号，都在这部电影里一一呈现。

在《邪不压正》里，有着真实的北京地理。

李天然从美国回到北京，老亨德勒去车站接他，那时候正是冬天，北京被大雪覆盖，到处白雪皑皑，城门楼子、路边的大树，都在大雪之中银装素裹。李天然坐上了老亨德勒的车，开始了回家之路。

这条路是真实存在的，先是前门火车站，然后是老城墙、前门箭楼、天安门城楼、南池子街，最后到的那个四合院在内务街 11 号东四附近。一路上，两个人插科打诨，用半真半假的话来表达自己的思念之情，以及对新生活、新计划的憧憬。和这段话相配的，是车窗外的雪后景象，大雪遮盖了一切，太阳的光斜斜地照在雪地上，不断有人笨拙地骑着自行车从汽车前经过。

据说姜文小时候住过的部队大院就在这里，这是姜文给自己生活过的地方送的一件礼物。

他送出的礼物远不止这一件，老亨德勒和李天然聊天时提到朱潜龙和北平公安局，具体到了门牌号码“东棉花胡同 39 号”，据说这个地方曾是民国时期北洋政府总理靳云鹏的宅邸，现在则是中央戏剧学院，也就是姜文的母校。

姜文生活过的地方，读过的学校，以这样的方式进入了电影的历史。

电影里还出现了六国饭店。朱潜龙、蓝青峰、唐凤仪就是在这里聚会，朱潜龙为唐凤仪被盖上印章的事大发雷霆，打了唐凤仪一个耳光，而餐厅的经理前来干涉，并且表示“我们这里不欢迎打女人的人”，还亮明自己的国籍：比利时人。而唐凤仪借势也回击了朱潜龙几个耳光。这具有强烈戏剧性的一幕，说明了在当时北京的环境中六国饭店的特殊地位。在故事的最后，蓝青峰也是把张将军送到了六国饭店。

故事中的人还不断提到“曹雪芹写《红楼梦》的地方”。

故事开始不久，蓝青峰招呼朱潜龙吃饺子，蓝青峰说，这个地方就是“曹雪芹写《红楼梦》的地方”；亨德勒接了李天然回家，借住在蓝青峰家里，也说那里是“写《红楼梦》的地方”；李天然隐居在钟楼里，和巧红聊天的时候，也告诉她这就是“写《红楼梦》的地方”。似乎，大家都在说假话，都在争相把曹雪芹写书的地方，和自己牵扯上一点关系。为什么呢？就为了说假话吗？为了显示男性话语政治里那种半真半假的作风吗？还是为了显示主人公的虚荣心？我觉得都有。哪个北京人不希望自己所在的地方曾经酝酿出《红楼梦》这样一部巨著呢？就像世界上所有的咖啡馆老板恐怕都希望 J.K. 罗琳曾经来自己店里写过《哈利·波特》。

更重要的是，《侠隐》和《邪不压正》的整个故事，讲的就是历史和现代的交会。历史已经成为过去了，但还没彻底过去，它的影响还在，它造就的传统还在，而现代社会已经到来了，一个拥有新的政治体制、法律体制的社会，和那个江湖熙熙攘攘、侠客纵横、快意恩仇的旧日社会，二者发生了交会。就在那么一个微妙的节骨眼上，人们已经不得不变成现代人，却还惦记着过去，希望自己和往日的荣光发生一点关系。

在《邪不压正》里，有着真实的北京民俗。

李天然出门那场戏，就串起了很多老北京的过往故事。他经过猪肉店，店门口挂着猪尿泡，他扎破了猪尿泡，遭到街头混混讹诈，真正的猪肉店老板出来，告诉他上当了，那个讹诈他的人准保是抽大烟的，让他快追。他追着大烟鬼进了小巷子，却看到烟鬼正在用跟他讹诈来的钱到日本人开设的烟馆打针，他上前打算要回自己的钱，却不明不白挨了一针，还被正巧路过那里的巧红误解："这么体面的小伙子，竟然是个烟鬼。"

就这么一场戏，把那个年代北京的市井生活展现得细致入微：一个人上街，会看到什么，遇到什么，又会带来怎样的后果，让每个看电影的人都得到了浸入式的体验。

在故事里，我们还看到蓝青峰骑二八大杠打醋，听到街市里各种各样的声音，包括"磨剪子戗菜刀"的吆喝声（刘欢有首同名歌曲，唱的就是这样的吆喝）；还有各种吃食，烤鸭、豌豆黄等。

还有那些和北京有着种种瓜葛的名人，朱元璋、庄士敦、蒋介石（"老蒋"）、张自忠（"张将军"）、阎锡山（"老西子"）、白崇禧（"小诸葛"）……这一切都让这个北京梦恍惚又真实。

姜文的北京，也是一个想象中的城市。

《邪不压正》中的北京看起来非常真实，细节都经过考证，环境、房屋、物件，都是不惜成本还原的。在整个背景中，各路传奇与市井社会快速切换，最不寻常和最寻常的意象共同存在。种种看似矛盾的情景造成的反差，无一不令人印象深刻，又感到异常熟悉。

在极度真实的现实细节基础上，导演姜文铺陈了极度不现实的魔幻色彩。

电影里多次出现宽阔的城墙，那显然不是真实的北京城墙，而是根据梁思成先生的构想制造出来的，宽阔到可以跑飞机，给城市里的居民提供了一个远离尘嚣的休憩之所。

蓝青峰和亨德勒的几场对话都发生在那段城墙上，说话的时候天色已近黄昏，两个人走在城墙上，远处的城市里浓荫匝地，把房屋都藏在了树荫里，大大小小的院子里都已经点上了灯。

还有让李天然奔走跳跃的屋顶世界，看似真实，其实也是不真实的，屋顶世界是一个远离尘嚣的世界，给李天然提供了片刻的逃避；他和巧红的对话也多半发生在屋顶和天台上。

李天然藏身的钟楼也是远离尘嚣的，可以俯瞰整个城市，可以隔岸观火，可以获得身体和心灵的暂时宁静。但这样的地方，在现实中也是不存在的。

还有“香山天体营”、“不老针”和自拍这些斑驳绚烂的细节，既可能发生在那个时代，又能被现代人理解，带有浓厚的拼贴色彩。

姜文心中的北京，是北京又不是北京。事实上，他电影里的那些地方，都有具体的形象和名字，却又不是那个地方。姜文曾这样谈论他的创作心得：“无中生有出一个似乎存在的，让你觉得比现实世界还真实的一个世界，这就是一个创造过程。”“有时我甚至分辨不清楚现实生活和电影生活的界限。就是说，有的时候我可能更需要电影生活。”

姜文是一个生活在大梦里的人，他生活在北京，同时也生活在一个由他构想出的北京，这个浓荫遍地、鸽哨漫天，又光怪陆离、处处玄机的北京，是一个不可能真实存在的乌托邦。

所以，影评人三童以梦为手段解析了姜文的全部电影，认为姜文反复讲述的是一个又一个亦真亦幻的梦境，梦境里包括了一个又一个亦真亦幻的城。

在《侠隐》的最后，西直门大街上滚滚烟尘，一辆接一辆的日本运兵车，满盖着黄土，像股铁流似的，在血红的夕阳之下淹没过去。前朝武人蓝青峰，对现代侠客李天然意味深长地说：

> 天然，别忘了这个日子……不管日本人什么时候给赶走，北平是再也回不来了……这个古都，这种日子，全要完了……一去不返，永远消失，再也没有了……

而在电影《邪不压正》的片尾，当彭于晏饰演的李天然爬上房顶，望着一色灰瓦青砖的城市天际线，大声呼叫喊着“巧红”的名字，他心中真正呼唤的，又何尝不是那个令人魂牵梦萦而又百感交集的北京呢？

《克苏鲁神话》

克苏鲁神话带给我们的

在地球四十多亿年的历史中，人类只是一个小小的族群，而宇宙本身及某些古老的未知生物并不关心人类的存在。如果人类出于好奇心，执着地对这个世界进行探索，则会让我们自己陷入一种可怕的境地，甚至招致灾祸。

我们都会对一些事物有莫名的恐惧感，例如荒凉无边的戈壁、墨蓝的深海、深邃的宇宙，或过于久远的历史遗迹。这种恐惧感说不清楚来历，也没有人能为它命名，但有一位作家却把这种莫名的恐惧感给写出来了。

他就是美国的恐怖小说大师霍华德·菲利普·洛夫克拉夫特。

洛夫克拉夫特不但写出了这种莫名的恐怖感，还把这种恐怖感变成了一个体系，一种极其动人心魄，足以让人类对自己的来历和去处产生疑问的文学作品体系：克苏鲁神话。

克苏鲁神话被认为是 20 世纪影响力最大的古典恐怖小说体系。在文学领域之外，它的影响力还远远地延伸到了其他文化领域，成为无数电影、游戏、音乐、漫画等艺术作品的根源。直到 21 世纪的今天，这个恐怖体系还在被不断拓展和延伸。

80 后或 90 后的年轻人一定听说过，或者曾经玩过《龙与地下城》《雷神之锤》《魔兽世界》《星际争霸》《炉石传说》《饥荒》《辐射》等游戏，也一定记得经典科幻惊悚电影《异形》中的恐怖外星生物，电影《加勒比海盗3》中长着满脸章鱼触须的海盗船长戴维·琼斯，根据斯蒂芬·金同名小说改编的电影《迷雾》中的各种未知怪物，漫画《蝙蝠侠》中的阿卡姆疯人院，伊藤润二经典漫画《旋涡》中的异化世界和人类。

这些经典游戏、电影和漫画作品，全都受到了克苏鲁神话的影响，或是以克苏鲁神话为灵感来源创作出来的。

而作为这个体系的开创者，美国作家洛夫克拉夫特对后世恐怖小说家产生了无可估量的影响。斯蒂芬·金认为他是20世纪最伟大的古典恐怖故事作家。

克苏鲁虽然名为神话，但和我们通常所熟知的古希腊罗马神话，或是中国《西游记》这样的长篇神话小说都截然不同。与其说它是神话，不如说它是一种概念体系。

实际上，洛夫克拉夫特生前从没有使用过“克苏鲁神话”这个说法。克苏鲁是他笔下“旧日支配者”的名字。它们是恐怖的、拥有伟大力量的古老存在。克苏鲁在上古时代曾经统治地球，如今正沉睡在地球某个遥远的角落。

洛夫克拉夫特一生中一共创作了七十多篇中短篇小说。故事中的人物、事物、场景有所呼应，但彼此联系松散，没有真正意义上的核心人物或者主线故事，也没有固定的历史背景。

但洛夫克拉夫特对整个克苏鲁体系的构想和设定非常宏

大，而这些构想只是一个框架，并没有清晰的、完整的内容去支撑。也许是洛夫克拉夫特故意有所保留，给每个读者丰富的想象空间，去畅想自己心目中的克苏鲁世界。

总之，在洛夫克拉夫特生前，“克苏鲁神话”只是一个概念的萌芽，并没有形成真正的体系。

洛夫克拉夫特去世后，他的一位朋友德雷斯整理并完善了他的所有作品，加入了很多新的内容，逐渐形成了今天所谓的“克苏鲁神话”体系。

作为其作品版权的继承者，德雷斯不仅完善了克苏鲁神话的体系，还将一些基督教的价值观与善恶斗争的二元论融入克苏鲁神话中，补充了洛夫克拉夫特笔下混乱的、联系松散的故事。

1939 年，德雷斯还和他的一些朋友共同创立了一家名为“阿卡姆之屋”的小型出版机构，专门出版洛夫克拉夫特的作品，同时扶持和鼓励一些年轻作家，模仿洛夫克拉夫特的小说风格进行创作，并将他们的作品出版。这些作家都直接或间接地参与到了克苏鲁神话体系的构建中。

经过这些后来者的努力，克苏鲁神话形成了一个比较清晰完整的体系。如果我们按照能力由强到弱与存在时间由长到短的等级层次来划分，克苏鲁神话体系中的角色一共存在五个等级。

第一个等级，也是整个克苏鲁神话体系中最为强大的存在，被称为“外神”。它们存在于我们目前认知的这个宇宙之外，不受时间和空间束缚，也就是说，在洛夫克拉夫特看来，甚至有一个比目前的宇宙还要广大的存在，我们的宇宙只是这个更广大的世界中的一员。外神，就是这个更广大世界的统治者。

第二个等级叫作“旧日支配者”，它们不如外神那么强大，但能力依然远远超人类想象，普通的人类只是看到它们，就会陷入疯狂；有一些外星种族、古代文明以及神秘宗教崇拜它们，希望得到它们的力量。

第三个等级被称为“旧神”。旧神曾在远古时代与旧日支配者对抗，并将它们幽禁、放逐。它们一般对人类抱持善意，并协助人类反对旧日支配者。

第四个等级是“地球本来的神”，又称为地球的虚弱众神，它们统治着幻梦世界，但却不如旧日支配者强大，能力和心智甚至不如人类。

第五个等级是一些具有特定实体形态的生物，我们可以称它们为特殊生物种族，比如夜魔、蛇人、食尸鬼、人面鼠、远古巨虫等，这些形形色色的生物有着千奇百怪的面目，结合人类和地球上各种昆虫生物的特征。这些形形色色的生物，成为了日后无数小说家、导演和游戏制作者的灵感来源。

值得一提的是，许多爱好者和研究者认为，这个经过后世补充和完善的体系与洛夫克拉夫特冷漠的宇宙观相违背，因此拒绝承认它们的正当性。这就好比一些基督教教派只承认《圣经·旧约》而不承认《圣经·新约》；一些“红学”爱好者只喜欢《红楼梦》的前八十回，而不喜欢后四十回一样。其实，我们不必去追究克苏鲁神话的“原教旨”，只要去理解作者本人的核心观念就可以了。

洛夫克拉夫特的写作，从风格和故事内容上来看可以明显地分为两个不同的时期：恐怖故事时期和克苏鲁神话时期，这两个时期分别对应着洛夫克拉夫特不同的人生状态和写作阶段。

他的“恐怖故事时期”大概是从1905年到1920年，也就是洛夫克拉夫特十五岁到三十岁的时候。这一时期，他一共创作了二十多篇中短篇小说。《克苏鲁神话》中有三篇小说是他这一时期的作品，分别是创作于1917年的《大衮》，以及创作于1920年的《神殿》和《乌撒之猫》。

《大衮》创作于1917年，这一年洛夫克拉夫特二十七岁，写好两年后才发表在一本名为《漂泊者》的通俗杂志上，这是他公开发表的第一篇作品。

大衮（Dagon）是一个英译的词语，来自圣经和古代神话，是一位农业之神的名字。在天主教传统中，大衮的形象是一个披着鱼皮的男性，而信奉犹太教的以色列人则认为大衮是一个魔鬼。

《大衮》讲述了一个非常简单的故事：第一次世界大战时期，一位水手乘着邮轮行驶到太平洋上一片人迹罕至的海域时，落入了德国海军之手，这艘船成为了德军的战利品，所有的船员成了海军俘虏。

在被俘五天之后，这位船员驾驶一艘小船逃跑，孤身一人在汪洋大海中漂流了两天，而后发现自己置身于一片荒凉的泥沼中。这片散发着鱼腥味和恶臭的泥地上，到处都是腐烂的鱼类和不知名动物的尸体。水手带上干粮出发，准备穿越这片泥地，去寻找消失的海面和有可能出现的救援。

就在穿越泥地的过程中，他意外地发现了一个神秘的石碑，上面刻有难以解释的象形文字和浮雕，浮雕上的图案是某种半人半鱼的诡异生物。就在水手观察这块石碑的时候，他突然看到远处的地平线上，一个硕大无比的生物缓缓出现，和浮雕上描绘的恐怖生物一模一样。这位被吓得半死的水手疯狂地跑回自己的小船，之后便陷入了昏迷。

他再次醒来时，发现自己已经躺在旧金山某个医院的床上，原来是一艘美国渔船发现并救起了这个流落荒岛的水手。从此之后，这位水手却陷入了无尽的噩梦之中，周围的人都不相信他经历的故事；而每当夜幕降临，他曾经见过的那些恐怖生物和场景都会再度侵入他的脑海，带给他无尽的折磨。

这个短小的故事经过洛夫克拉夫特细腻的描述和氛围烘托，加上第一人称的叙述方式，显得尤为真实、精彩。同时，这篇小说也勾画出了他日后其他作品的叙述模式：故事的主人公在人类社会中发现了违反自然常理的恐怖事物，在好奇心和求生欲的驱使下不断探索，最终却走向疯狂或死亡。

他的另一篇小说《神殿》也讲述了一个发生在海上的故事。这一次，故事的主人公是一位德国海军潜艇的指挥官。这艘潜艇在执行任务的时候击沉了一艘船，之后他们打捞起一位水手的尸体，在他的口袋中发现了一个古怪、精美的象牙雕像。此后一系列恐怖诡异的事件便接连发生：先是有船员声称在潜艇窗外看到那个死去水手漂浮的尸体睁着眼睛看他们；接着潜艇内发生了爆炸，失去了动力，只能漂流在无尽的大海中。气压和电力都在不断消耗，船员们有的酗酒，有的发疯，有的自杀，随后还发生了哗变。潜艇指挥官枪毙了其他所有船员，独自一人凭借意志力在潜艇中等待救援。

最终，这艘潜艇在洋流的带动下沉入海底，一座宏伟的神殿出现了，神殿的大门里闪烁出微弱的光芒，这位德军指挥官在某种难以控制的力量驱使下，穿上潜水服，独自游走进了那座海底神殿。临行前，他将自己的故事全部记录下来，装进漂流瓶中，托付给了大海。

从洛夫克拉夫特的早期作品中，我们可以总结出以下几个特点：

第一，这些小说都以现实世界为背景，主人公都是有职业和社会背景的现实人物，但他们却在生活中发现了某种超自然的恐怖事物，或经历了某种未知的、在现实世界中不可能发生的事件。

第二，洛夫克拉夫特从古典主义文学、宗教故事和神话传说中汲取了一些元素，通过他的知识背景，并结合了自己的生活、梦境和想象，对这些故事进行了再创作。

第三，也是最重要的一个特点，那就是洛夫克拉夫特核心的创作手法：留白。

洛夫克拉夫特曾说过一句话："人类最古老、最强烈的情感是恐惧；而最古老、最强烈的恐惧，是对未知的恐惧。"所以他的故事都是朦胧的，没有确切事件的，在他看来，任何一个故事都不要说得太清楚，对任何事物的描述都不要过于清晰。这样才能充分调动读者的主观能动性和想象力，去体会他笔下的恐怖世界。

洛夫克拉夫特独特的世界观和宇宙观，和他早年的家庭出身和经历有关。

如果要用几个词来形容洛夫克拉夫特的家庭，那就是：富有、保守、有文化。1890年，洛夫克拉夫特出生于美国的普罗维登斯，他所受的早期教育几乎全部来自于家庭。洛夫克拉夫特家族在当地拥有非常悠久的历史，他的外祖父是个头脑灵活的商人，在新英格兰地区投资办产业，家底殷实。他家的一间阁楼里，全部是他外祖父收藏的各种书籍。在洛夫克拉夫特小时候，祖父就经常给他读《一千零一夜》《神话时代》《伊利亚特》《奥德赛》等神话故事和文学作品，以及各种各样的鬼故事。这无疑激发了他对于恐怖文学的兴趣。

在洛夫克拉夫特青少年时期，有三件事情对他影响至深。

第一件事，是他深深地沉浸在古典主义和浪漫主义所塑造的文学世界中，在其中认识了两位对他影响最深的作家，一位是来自爱尔兰的邓萨尼勋爵，20 世纪奇幻文学史上最具影响力的作家之一。洛夫克拉夫特曾在给朋友的信中写道："邓萨尼作品中丰富的语言、他的宇宙观、那些遥远的梦中世界，以及他对幻想的敏锐感知，比现代文学中所有其他的东西都更加吸引我。"洛夫克拉夫特后来承认，这就是他创作克苏鲁神话的契机，只不过他把那些神和怪物都放到了现实世界中。此外，邓萨尼勋爵华丽、细致的写作风格也对洛夫克拉夫特产生了很大的影响。另一位作家，就是著名的美国诗人、惊悚小说大师爱伦·坡。爱伦·坡的小说和诗作中那些充满悬疑、诡异、阴沉的黑暗故事，都令洛夫克拉夫特惊叹不已，他青少年时期曾写了很多爱伦·坡风格的故事，但这些作品大都被他销毁了。

第二件对洛夫克拉夫特产生影响的事，是他外祖父的去世。1908 年，因为外祖父的去世，他的家族陷入了财务危机，不得不变卖家产。随之而去的，是陪伴着他从小长大的那栋家宅，以及曾经陪伴了他十二年的阁楼图书馆，那是他唯一能找到安全感的地方。与此同时，洛夫克拉夫特由于重度抑郁症，导致了一次精神崩溃，甚至有过自杀的念头。

第三件事，是他父母的精神疾病。早在 1893 年，洛夫克拉夫特三岁时，他的父亲在旅行途中精神失常，被送往普罗维登斯的精神病医院，五年后便过世了。而在 1919 年，洛夫克拉夫特刚刚成为作家的时候，他的母亲也因为精神问题和抑郁症的困扰，被送进了多年前曾收治过她丈夫的医院。仅仅两年后，母亲也因为手术感染去世了。

亲人接二连三的离去，从经济上和感情上都给了洛夫克拉夫特沉重的打击。家人留下的微薄遗产，加上自己的稿费，只够他勉强维持生活，有段时间他甚至到了每天只能靠吃豆子罐头果腹的地步。这种人生变故带来的不安全感，加上古典主义的影响，让年轻的洛夫克拉夫特在同龄人中显得格格不入。

然而，孤独的童年却点燃了他的想象力。中学还没毕业便辍学了，从此开始了隐居生活，再也没有停止阅读和写作。一次偶然的机会，他接触到了一些民间出版的通俗刊物，并发现这个圈子里都是和他差不多的人——那些不在乎酬劳，一心想成为作家的人。在同僚的帮助和影响下，洛夫克拉夫特走上了成为作家的道路。

1921 年，洛夫克拉夫特找到了另一个对他来说至关重要的文学阵地:《诡丽幻谭》杂志。

在 20 世纪 20、30 年代，恐怖故事、科幻故事、奇幻故事等都属于通俗读物，是一种边缘文学——用今天的眼光来看，这些作品都被归类为“厕所读物”，被排斥在主流文学和严肃文学之外。

然而，创刊于1923年的《诡丽幻谭》杂志却改变了这种状况，它集结了一批当时美国最有影响力的作家，专门刊登作家们撰写的怪异故事、恐怖小说和特定类型的科幻故事。它提升了这类小说的品质，让这类文学作品渐渐进入了大众视野。而《诡丽幻谭》也成为了当时最有影响力的通俗杂志之一，许多奇幻小说大师正是从这里起步的。

在纽约生活的这段时期，洛夫克拉夫特的写作走上了一个高峰，他的很多后期作品都源于这段在纽约居住的经历。这一时期，洛夫克拉夫特的写作风格和手法都渐渐成熟。同时，他有意识地将一些由他创作出的经典恐怖元素反复运用到不同的作品中，让这些发生在不同人物身上的故事，看起来有了某种神秘的关联性，这也为日后其他作者继续拓展克苏鲁神话打下了基础。

然而，洛夫克拉夫特只在纽约生活了不到五年，作为一个保守主义者，洛夫克拉夫特其实对纽约这个外来移民的大熔炉深感厌恶和不安。他的小说中甚至还暗含着一些种族主义的观念，这在他后期的作品中尤为明显。

1926年，洛夫克拉夫特重回他挚爱的家乡——普罗维登斯。家乡带给他的安全感和精神上的解放，促进了他的写作。他之后的几乎所有重要作品，都是在他回到家乡之后完成的。

洛夫克拉夫特最重要的作品《克苏鲁的呼唤》就是在这个

时期诞生的。这篇对后世产生了重要影响的作品，发表在 1928 年 2 月号的《诡丽幻谭》上，稿费是一百六十五美元。

这个故事结合了当时人类学和宇宙学的恐怖元素，将它们恰当地融合在一起。故事的主人公是一个学者型的人物，他在整理自己祖父遗物时发现了一份名为“克苏鲁异教”的文字资料，以此为线索开始了一系列调查和研究，并最终揭示出了一个庞大的异教组织和令人恐惧的真相。

这是洛夫克拉夫特的克苏鲁故事以及后续克苏鲁神话的其他作品中非常典型的一种结构：主人公在偶然中获得了某个线索，这个线索有可能是一本书、一封信、一份资料，或者一个神秘的雕塑等。接下来，他经历了探索真相——接近真相——被真相所震惊——执着于真相——最后终于发现了旧日支配者的恐怖面目，最终走向疯狂或死亡。

同时，这篇小说也反映出洛夫克拉夫特塑造的克苏鲁神话的核心观念。他认为，人类这个物种以及我们所建立起来的文明，只是地球上初来乍到的匆匆过客，地球上曾经存在另一个外来文明，统治了地球数十亿年，它们建立过巨大的城市，而在某个遥远的海洋或原始森林的深处，依然能找到这些城市的遗迹。当宇宙中的星辰运行到特定的位置时，就可以通过某种手段将这些旧日的统治者唤醒。

在一篇名为《自彼界而来》的小说中，洛夫克拉夫特借主人公的口吻，表达了他的世界观和宇宙观：

对于我们身边的世界和宇宙，我们究竟了解什么呢？我们的感知手段少得可笑，对周围实在的认识狭隘得近乎于零，只能按我们被构造的方式观察事物，对事物的真正本质却毫无概念。我们拥有五种贫弱的感官，自以为能了解这个无穷复杂的宇宙。而另一些生命，它们的感官更广阔、更强大，甚至拥有完全不同的感知域，不但见到的事物与我们有着天壤之别，而且或许能够见到和研究虽然近在咫尺，但人类感官无法觉察到的其他世界内的物质、能量和生命。

这种世界观本质上是很黑暗的。在他之前，在恐怖故事或鬼故事中，好人通常是能生存下来的，世界的基调是友善的，上帝和宗教中的神灵会保护我们。但是，洛夫克拉夫特将鬼故事和哥特小说中的这种套路和世界观剥离，创造出了一个充满恶意的世界，那些恐怖、疯狂、邪恶的怪物会随时来到我们这个世界上，好人坏人都被一视同仁地对待。

这些故事让我们认识到人类在宇宙尺度下的渺小，古老的神明对人类是漠不关心的。而这种观念在那个科技飞速进步、人类自信心无限膨胀的年代，明显是非常超前和不受欢迎的。

所以，和很多天才的作家、艺术家一样，洛夫克拉夫特的作品被社会广泛接受，已经是在他去世好几年之后了。

1936 年，洛夫克拉夫特的健康状况开始不断恶化，最后被诊断出癌症，并于 1937 年去世，享年四十六岁。如果他的健康状况没有那么糟糕，到了40、50年代，他很可能成为一位知名作家。很可惜的是，虽然他在自己的小圈子里很受欢迎，但他依然没能够在有生之年真正进入到公众视野当中。

20世纪初是人类自然科学、社会科学飞速发展，各种新发明、新技术不断问世的时代，人类文明在工业革命的持续推动下不断演进。洛夫克拉夫特也深受那个时代的影响，他对哲学、化学、天文学等领域都有着浓厚的兴趣和深入的研究。然而，他笔下的故事却和那个时代的主流观念背道而驰。

《克苏鲁神话》反映出的一个重要观念就是对科学的恐惧。他担心人类所掌握的知识会向着不必要、不可控的方向发展，并在某一个偶然的时刻，揭示出某些人类没必要了解的事物，随即引发有可能导致人类毁灭的灾难。

为什么会这样呢？这要从他的心理状态和性格上寻找原因。

阿根廷魔幻现实主义作家胡里奥·科塔萨尔曾说过这样一句话："所有完全成功的短篇小说，特别是科幻小说，都是神经病、噩梦和幻觉，通过客观化的中和，并且转化为一种在神经领域之外的媒介而形成的产物。"这句话说得有点拗口。简单来讲，胡里奥认为，那些能写出非常好的科幻文学的作家，通常是那些思维非常敏感，想象力异常丰富，甚至是头脑有些"不太正常"的人，他们有能力将自己幻想中、噩梦中的东西通过文字具象化。

而洛夫克拉夫特，就是一个典型的、具备幻想体质的人。

在洛夫克拉夫特看来，这个世界是没有神圣性的，在这个浩瀚无边的宇宙里，人类的存在是微不足道的。在地球四十多亿年的历史中，人类只是一个小小的族群，把自己的偶像崇拜投射到了宏大的宇宙上。而宇宙本身，以及某些古老的未知生物，对人类的存在是漠不关心的。如果人类出于好奇心，执着地对这个世界进行探索，则会让我们自己陷入一种可怕的境地。这便是克苏鲁神话所表达出的核心观念。

有学者认为，洛夫克拉夫特将宇宙看作是“收容可怕奇迹的避难所”，而这种观念某种程度上反映出了他病态的局外人心理。“正如洛夫克拉夫特在他的家乡普罗维登斯是一个局外人一样，现代人在克苏鲁神话中也是一个外来者，迷失了方向，随波逐流，在一个可怕的深渊边缘摇摇欲坠。”

在洛夫克拉夫特所处的年代，这种观念是非主流的。如今，随着科技的不断进步和互联网的兴起，我们能感知到的世界似乎在不断扩大，但这个宽广的世界也给人们带来了更多的不确定性，让我们自身显得更加渺小和微不足道。洛夫克拉夫特所表达的这种对于未知的恐惧，越来越符合现代都市人的心理状态和精神需求，所以他开始拥有越来越多的读者以及对克苏鲁精神产生共鸣的人。

克苏鲁神话对流行文化领域的影响几乎无处不在。我们可以举几个经典的例子：

上映于1979年的经典科幻恐怖影片《异形》，其灵感来源便是洛夫克拉夫特于1936年发表的小说《疯狂山脉》；风靡一时的特摄片《迪迦奥特曼》，其故事背景和剧情里也加入了大量克苏鲁元素；斯蒂芬·金的小说，于2007年被改编为惊悚电影的《迷雾》，也被认为是一个典型的克苏鲁故事；由暴雪公司出品的游戏《魔兽世界》与《炉石传说》，其中的上古之神、食尸鬼、鱼人、恶魔等角色，也都是源于克苏鲁神话；再比如很多恐怖游戏中，玩家操纵的角色都有一个“理性值”（SAN值），这个设定也是从克苏鲁神话中衍生出来的……

也许洛夫克拉夫特从来不会想到，在21世纪的今天，他的作品竟然能够跳出恐怖文学的领域，在互联网时代产生如此广泛深刻的影响。

《克苏鲁神话》的魅力在于那种独特的世界观，而那种世界观是有时代支撑点的：在面对浩瀚的宇宙和未知的黑暗时的恐惧感，那种人类自身脆弱性所带来的不安全感，是人类非常普遍的、共有的情感状态。

如果说蒲松龄的《聊斋志异》塑造了中国的怪奇文学和恐怖文化的话，那《克苏鲁神话》则重新定义了美国甚至整个西方世界恐怖文化的主题和方向，直到今天，它的影响力也丝毫没有减弱。

《它》

制造恐怖的秘诀在于真挚

“它”代表了人类一切罪恶的集合体，是一切人性恶的体现，而战胜“它”的，其实是主人公们的信念，这些信念包括勇敢、坚定、信任、相信友谊和爱情、相信勇气是存在的、相信自己不是窝囊废的真切信念。

美国小说家斯蒂芬·金是位高产的作家，我的书架上他的作品整整占了两格。但有一部作品，他整整用了五年时间来写，最后成为一部超过九十万字，中译本有一千多页的大部头。这就是被《华盛顿邮报》评价为“恐怖版《奥德赛》”的《它》。

斯蒂芬·金的文学生涯是和电影密不可分的，到目前为止，已经有上百部电影取材或改编自他的小说。根据他的小说改编的电影，如《肖申克的救赎》《绿里奇迹》《伴我同行》《魔女嘉莉》《闪灵》等，都是足以被载入电影史册的经典影片，可以说是当今世界上读者最多、名声最大的美国小说家。

《它》出版于1986年，但斯蒂芬·金从1981年就开始创作这部小说了；多年后的2017年，由《它》改编的恐怖电影《小丑回魂》在全球取得七亿美元的票房。这个成绩让《小丑回魂》取代了1973年上映的电影《驱魔人》，登上了全球恐怖片票房榜首，成为全世界最卖座的恐怖电影。这部小说也被媒体评价为斯蒂芬·金“最具野心的作品”，是“美国文学的一座里程碑”。

如果要用一句话概括这部小说，就是七个小伙伴联合对抗恶魔的故事。这个恶魔的名字，就是本书的书名——《它》。这个“它”的具象化形态是一个面目狰狞、专杀儿童的小丑，整部作品就是讲述这七个主人公如何和小丑作对抗，并最终击败它的故事。

斯蒂芬·金的小说被一些学者归类为“社会恐怖小说”。顾名思义，这类恐怖小说的故事背景和内容不是纯粹架空和杜撰的，而是发生在人类社会之中，借故事来反映种种社会问题。小说在“恐怖”元素的包装和点缀下，写的其实是人类的焦虑、不安和心灵危机，以及现代社会的种种弊病和症结。《它》这部小说，在七个小朋友打击恶魔小丑的故事表征下，实际上是在声讨人类社会的罪恶与暴力。

小说一共分为五部，总共二十三个章节。作者采用插叙的手法，在两个时间维度上交叉叙事。一个维度是 1958 年前后，另一个维度是 1985 年，前后跨越二十多年。为什么将故事安排在这两个时间节点呢？这两个时间点有什么特殊性呢？

斯蒂芬·金生于 1947 年，1958 年的时候他才十一岁，与书中的主角们年龄一样。而 1985 年，正是本书完稿的日子。也就是说，这本书从二十七年前斯蒂芬·金的童年时代一直写到小说出版的当下。同时，二十七年的时间跨度也是本书中的一个重要线索。

翻开这本小说的第一页，可以看到斯蒂芬·金写了这样一句话，他说这本书是献给他的孩子的，他写道：

> 孩子们，小说是包裹在谎言里的真实，而这本小说里的真实再简单不过：魔幻确实存在。

小说的题目是《它》，那么这个“它”是一种什么样的存在呢？前面我们提到过，“它”最常见的形态，是一个跳舞小丑的样子。实际上，除了小丑这个外在形象，“它”最强大最恐怖的能力就是可以读透人类的心思，变幻成他们心中最害怕、最恐惧的形象，比如僵尸、水怪、狼人、蜘蛛、木乃伊、大白鲨、巨型大鸟、麻风病人等，甚至还能变成已经死去的人类。

那么，为什么“它”要以小丑这个形象出现呢？斯蒂芬·金并没有在书中给出一个明确的说法。但我们可以从逻辑上来推论：小丑本来是一种深受儿童喜爱的形象，会跳舞、搞笑、表演杂技，但反过来想，小丑可以接近小孩，也就意味着更容易引诱和猎杀他们。

故事里的受害者多数是孩子。在故事开始的1957年，美国缅因州一个名叫德里的小镇上，两个孩子遇到了“它”。两个孩子之一的威廉，是一个十一岁的小男孩，他有一个六岁的弟弟乔治。在一个阴沉的雨天，威廉因为感冒卧病在床，就给弟弟乔治做了一只精美的纸船，让乔治拿着纸船出去玩耍，但不料纸船掉进了路边的下水道里。乔治在下水道口张望的时候，它（也就是小丑）忽然出现在下水道里，残忍地咬掉了乔治的一只胳膊，并将他拖入下水道中。乔治从此失踪了。

接着，镇上又陆续发生了多起儿童失踪和谋杀案，但凶手一直没有被抓获。宁静的小镇变得人心惶惶，警察局颁布了宵禁令，街道变得陌生又冷清，宁静中隐藏着敌意和威胁。

弟弟乔治失踪后，威廉的父母沉浸在丧子之痛中无法自拔，只有威廉还抱有一丝希望，相信弟弟还活着。暑假里，孤独的威廉和其他六个在学校里不受欢迎的孩子凑到一起，成立了一个叫“窝囊废俱乐部”的组织。这些小孩和威廉年纪相仿，但都由于某些原因，常常在学校里受人欺负，七个小伙伴在彼此之间找到了陪伴和友谊。

有一次，七个小伙伴在一起聊天时，他们惊讶地发现，每个人都曾经历过非常相似的恐怖事件，并且见过那个诡异的“它”。它能看透每个小孩的心思，变化成他们最惧怕的形象：男主角威廉心中充满对弟弟死亡的愧疚和恐惧，“它”就变幻成死去乔治的形象；黑人小孩迈克小时候被乌鸦啄伤过，“它”就会变化成一个恐怖的巨鸟袭击迈克；体弱多病的小孩埃迪最惧怕疾病和细菌，“它”就会变成一个浑身脓液、患有麻风病的流浪汉去追逐埃迪；女孩贝弗利因为刚进入生理期，害怕血迹，“它”就会制造幻象，让血从洗手间水池中喷出，瞬间血流成河……

所幸，七个人虽然都见过“它”，但都逃脱了它的魔爪，没有被“它”杀死。可镇上的其他小孩就没有那么幸运了，新闻里不断传出儿童失踪的案件，这些孩子都惨死在“它”的手中。

然而，所有发生在这些孩子们身上的超自然的、难以解释的恐怖现象，他们的父母（包括德里镇所有的大人）都无法看见，也提供不了帮助。德里镇的居民仿佛被“它”施加了某种魔法或诅咒，根本无法察觉这些恐怖事件，而且变得异常冷漠、淡薄，无法给孩子们提供任何帮助。

最终，“窝囊废俱乐部”的小伙伴们在威廉的引领下，发现了小丑藏身的地下排水道，经过一番惊险的对抗，对“它”造成了重创。随后，德里镇的儿童失踪和谋杀案忽然停止了，一切仿佛恢复宁静。有幸逃过劫难的七个小伙伴约定，如果“它”再次出现，他们会重新回到德里镇，直面这个恶魔小丑。

这就是本书前半部分的故事内容，也是斯蒂芬·金设定的第一个魔幻概念：一个恐怖、强大、变化多端、杀人如麻的大反派——“它”。它的最常见形态，就是一个面目狰狞，穿着银色衣服，手持气球的跳舞小丑。

第二个魔幻概念，也就是故事发生的地点，德里镇。德里是一个虚构的美国小镇，属于新英格兰地区，拥有很长的殖民历史，森林资源丰富，以渔业和伐木为主要产业。实际上，这个镇子的灵感就来自斯蒂芬·金的故乡。只不过，斯蒂芬·金在小说中将德里镇变成了一个“黑化”的故乡。

这种黑化如何体现呢？首先，德里镇的谋杀率是周边同级别城镇的六倍，犯罪率也高得惊人：包括强奸、乱伦、私闯民宅、偷车、抢劫、虐童、家暴等。其次，从 18 世纪开始，德里镇每隔二十七年就会出现一次大规模的恐怖事件，包括种族屠杀、针对黑人少数族裔的残忍袭击、火灾、爆炸、枪战等。每次恐怖周期一到，就会出现居民外移潮，迁出人数无法统计。德里镇的居民有一种诡异的冷漠感，就好像一道“沉默之幕”笼罩了整个小镇，将很多事情遮盖起来，包括德里镇过去一两个世纪的残酷历史，还有发生在当下的恶性案件。

正因为如此，故事中的七位小伙伴在 1958 年的事件之后纷纷离开了家乡，想尽快遗忘、远离那段恐怖的经历。

二十七年之后，也就是 1985 年，威廉已经成为了名利双收的恐怖小说作家，作品多次被好莱坞翻拍成电影，还娶了美艳动人的女演员为妻。某天，威廉突然接到一通电话，电话那头一个声音告诉威廉：“它”又回来了。于是这名备受好莱坞青睐的大作家立马放下手头的工作，匆匆告别了妻子，乘飞机前往已经阔别二十多年的故乡。

与此同时，这通电话还打给了另外五个人，这几位都曾是“窝囊废俱乐部”的成员。所有离开德里镇的孩子，长大之后事业都顺风顺水，分别成为了畅销书作家、新锐建筑师、知名服装设计师、大企业会计师、著名电台主播以及大都会的车行老板。

给这些人打电话的，正是当年唯一一个留在德里镇的小伙伴迈克，他现在当上了德里镇的图书馆馆长。留守德里镇的这段时间，迈克通过当地的文献档案了解到，过去两个世纪以来德里镇经历过一段黑暗残酷的历史，还发现了每隔二十七年就会发生重大事件的恐怖周期。在打电话给其余六位当年好友之前，德里镇又发生了接连不断的谋杀和儿童失踪案件。迈克立刻明白，“它”又回来了，时间刚好过去整整二十七年，这说明“它”当年并没有被彻底杀死。

小说的下半部分内容，讲的就是当年的小伙伴在德里镇重聚之后，决定再次直面那个可怕的“它”，并下决心终止每二十七年一次的“恐怖周期”。但很不幸，他们中的一位伙伴在接到迈克打来的电话之后，就因为无法再次面对恐惧，在家中的浴室自杀了。剩余的几个人进入了德里镇的地下排水道，去寻找“它”隐匿的巢穴。在与“它”对抗的过程中，又有一位当年的伙伴被“它”杀害了。但最终，剩余的几个人凭借惊人的勇气和毅力，一举干掉了这个已经在德里镇肆虐了两个多世纪的恶魔。

在“它”被杀死的那一刻，德里镇发生了地震般的崩溃，狂风暴雨席卷了整个城镇，河水决堤，道路塌陷，房屋倾倒，整个小镇几乎土崩瓦解。逃出生天的几个伙伴则重新开始了各自的生活。

故事到这里就全部完结了。有人可能会觉得，斯蒂芬·金的小说好像也不过如此嘛，这个故事不就是一帮代表正义一方的小孩打击了恶魔小丑，等这帮小孩长大了，为了当年的承诺，再次回到家乡杀死恶魔，代表正义一方的人类取得了最终胜利。

如果你这样想，就大大低估了“惊悚小说之王”斯蒂芬·金的真正实力。这部小说之所以能被媒体评价为“美国文学的里程碑”，肯定说明这部小说还反映出了更加重要的人类社会问题，才凸显出其文学价值的。

前面提到斯蒂芬·金的小说又被称为“社会恐怖小说”，这类小说以“恐怖”为表皮，其内核揭示的其实是人类的焦虑、不安和心灵危机，以及现代社会的种种弊病和症结。

外国通俗文学研究专家黄禄善曾在他的专著《美国通俗小说史》一书中这样评价斯蒂芬·金：“斯蒂芬·金善于把古老的传统题材，同当代社会的实际生活相结合。他很少正面描写恐怖的鬼魂或场景，而是通过悬念与暗示来激发读者对恐怖的想象。”他认为斯蒂芬·金非常善于观察当代人的实际生活感受，表现他们所承受的现实社会压力和恐惧心态。他的小说情节是超现实的，不可能发生的。但当人们读他的小说时，却常常觉得事件就发生在自己身边。《它》中所有的故事背景、内容都是以社会现实为参考，体现了斯蒂芬·金对于社会问题的思考。

小说中反映的第一个社会问题，是针对儿童的暴力案件。本书中的“它”是一个专杀小孩的恶魔小丑，这一形象来源于一桩美国真实发生的连环杀人案件。这个案件凶手是一名叫作约翰·韦恩·盖西的男子，他因为经常装扮成小丑的形象，参与各种慈善活动和聚会并借机杀人，而被称为“小丑杀手”。1972年到1978年间，这个小丑杀手对至少三十三名年龄在十四到二十一岁之间的男孩实施过性侵犯和谋杀，并将尸体埋藏在自己家中。警方将其抓获后，一共指控了他三十三次谋杀，最终这个臭名昭著的杀人犯被判处死刑，于1994年被处决。

这起震惊全美的“小丑杀手”案件发生之前，小丑通常是孩子们喜闻乐见的形象，给人以和蔼可亲的感觉，但此案一出，再加上斯蒂芬·金在20世纪80年代出版的这本小说，小丑这个形象从此在美国大众文化中多了一层邪恶，少了一层可爱。

儿童作为我们社会中最弱势、最容易受到伤害的群体，也最容易引起人们的重视和关注。因此，斯蒂芬·金小说中专杀小孩的恶魔小丑，就是以这个社会问题为支点的。

第二个社会问题是代际关系问题，这种问题主要体现在孩子和父母的关系上。小说中“窝囊废俱乐部”的七个孩子，都面临着各自家庭中父母给他们施加的种种管束、压力或忽视。

比如，男主角威廉在弟弟去世后，他的父母就因为陷入丧子的悲痛中，而对小威廉不闻不问，这种感情忽视会给年幼的儿童造成深刻的影响和伤害，童年时受到情感忽视的孩子，长大后会产生各种各样的心理问题，并影响到今后其他亲密关系的维系。

再比如，小说中身体虚弱的小男孩埃迪就是一个典型“妈宝男”。他母亲从小就给他灌输各种疾病的相关知识，让他生活得小心翼翼，不能进行任何剧烈运动。母亲甚至欺骗埃迪，让他相信自己患有哮喘。埃迪长期以来都信以为真，却不知道自己吸入的药物仅仅是安慰剂而已。这让本来就身材矮小的埃迪更加胆小怕事，不敢直面生活中的问题和恐惧。

此外，这些小伙伴大多来自单亲家庭，他们的家长有的只是一味袒护孩子，有的教育理念畸形，有的有暴力倾向，经常酗酒、打骂自己的小孩。总之，斯蒂芬·金在小说中塑造了一批某种程度上相当失败的父母，他们甚至没法处理好自己的问题，更谈不上对下一代的关心、爱护和引导。

通过描写当事人鲜明的性格和情感，细致入微的生活细节，斯蒂芬·金一方面表达了代际关系这一社会问题，另一方面也反映出他自身不幸福的童年：斯蒂芬·金两岁那年父亲就离家出走，从此一去不回；他的母亲含辛茹苦地操持家庭。由于家境贫寒，斯蒂芬·金的童年是相当贫乏和不快乐的。

第三个社会问题是歧视。《它》这本小说从头到尾，但凡涉及对社会生活及人际关系的描写，都透露和反映出某种社会歧视问题。

比较浅层的问题包括生理歧视、年龄歧视、性别歧视等。以书中内容为例，德里镇有一帮不良少年，他们经常欺负学校里的低年级学生，包括那些说话结巴、戴眼镜、身材肥胖、体格弱小、不够男子气概的孩子，取笑他们的生理缺陷，对他们进行侮辱和人身攻击。这也是校园霸凌问题的体现。

更深一层的问题就涉及种族歧视、宗教歧视、性向歧视等。斯蒂芬·金笔下的德里镇，是一个白人占大多数人口，意识形态保守的北方小镇。这个小镇对外来宗教、少数族裔、同性恋群体等都怀有排斥，甚至是恶意。

比如“窝囊废俱乐部”里的犹太男孩斯坦利，经常会因为自己的宗教和民族受到同学的嘲笑和排挤。再比如俱乐部里的唯一一个黑人孩子，就是后来留守在德里镇，成为图书馆馆长的迈克，他在研究德里镇历史时发现，在 20 世纪前后镇上有一个叫作“缅因白礼军团”的宗教组织，这是一个类似 3K 党的极端组织，他们憎恨黑人，焚烧十字架，在宣扬种族平等的教会里安放炸药，并制造了德里镇最恐怖的“黑点”酒吧大火事件。

那么，作为恐怖大师，斯蒂芬·金的恐怖小说写作有什么核心技巧或秘诀吗？究竟是什么样的因素，令他的恐怖小说如此引人入胜？恐怖小说的写作者能从斯蒂芬·金的作品中学习到哪些写法呢？

斯蒂芬·金曾经提出过一个“恐惧三层次理论”，他认为恐惧这种情感，由浅到深可以分为三个层次，依次为：反感（Revulsion）、惧怕（Horror）、惊悚（Terror）。

第一个层次“反感”，是通过令人作呕的事物、场面来触发恐惧，激起读者的生理反应。第二个层次，惧怕，是指通过展现难以置信的东西来传递恐惧，读者会被这些反常的东西所激发，产生恐惧感。第三个层次，惊悚，需要运用想象来传递恐惧，通过暗示一些未知之物，来传达最高层次的恐怖。

恐怖情感是一种人类本能，是人类最古老的情感和心理现象，它能够帮助人类摆脱危机，也是一种让我们在残酷的自然环境和社会环境中生存下去的重要能力。恐惧的事物可以让我们肾上腺素激增，产生某种“快感”，这也就是为什么虽然人们非常害怕，却喜欢看恐怖小说和电影，喜欢玩恐怖游戏，喜欢去鬼屋探险，玩密室逃脱。

恐怖的第一个层次反感，我们也可以理解为恶心、抵触。在斯蒂芬·金的小说中，直观描写恶心场面的内容其实很少。但是，作者依然能恰到好处地运用恶心这一元素，来营造恐怖氛围。比如下面这段对于一个恐怖的僵尸麻风病人的描写：

> 那东西额头的皮肤裂了，白骨包在一层黄色黏液里，有如穿透污浊镜面的探照灯灯光。鼻子只剩鼻梁骨，下面两条红彤彤的鼻管。一只蓝眼睛笑眯眯的，另一个眼窝里是一团棕黑色有如海绵的东西……皮肤上长满烂疮，还有虫子忙碌地爬上爬下。

通过这段描写我们可以明白，日常生活中人们对人类的病态都有本能的反感和排斥，这是人类进化中自带的基因表达。但这种源自生理本能的恐惧感，也是最低层次的，某种程度上也是可以克服的。这时候就轮到下一层次的恐怖发挥作用了。

第二个层次是“惧怕”。惧怕通过展现难以置信的东西来传递恐惧，这也是斯蒂芬·金在小说写作中运用得最多、最广泛的手法。

设置反常的事物，需要脑洞大开的想象力。比如小丑这个角色的设定，本来是一个讨小孩喜欢的角色，但它却成为一个变化多端、专杀小孩的恶魔，这就是一种反常。比如，威廉的弟弟乔治死后，威廉却经常听到弟弟的房间里有动静，看到弟弟的照片时，弟弟竟然动了起来，朝他眨眼微笑，这也是一种反常的设定。再比如，德里的大人和警察们在孩子们遇到危险时，理应挺身而出保护他们，但这些大人却表现出令人难以置信的冷漠，也看不到孩子们所看到的那些恐怖景象，孩子们失去了保护伞，安全感骤降，这种反常也会带来恐惧。

运用反常制造恐惧的方式可谓多种多样。违反逻辑、突破常识、打破日常认知范围、令人意想不到的事物，通常也是最令人恐惧的事物。这就是恐怖的第二个层次。

第三个层次“惊悚”，需要运用想象来传递恐惧，通过暗示未知之物来传达最高层次的恐怖。阅读这一类型的恐怖小说，需要读者也要具备相当程度的想象力，充分调动自己的主观意识，去接收作者给出的暗示，填补作者留下的空白。说白了，就是要学会“自己吓自己”。

我们可以回想一下自己的童年，童年时期是一个人想象力和创造力最丰富、最活跃的年纪，但同时也是最容易产生恐惧、最害怕黑暗的年纪。这就是想象的力量，它既能孕育最天马行空的创意，也能生产令人无法呼吸的噩梦。

在《它》这部小说中，斯蒂芬·金用“它”这个怪物来完成他对核心的恐怖元素的设定。“它”不仅是面目狰狞的小丑，还能变化成任何人们心中最害怕的事物，而这个“它”正是靠吞噬人们的恐惧和想象力来生存的，恐惧就是“它”的食物。“它”到底是一种什么东西，是生物？是鬼魂？是变态杀手？没人知道。“它”根本不在目前人类的认知范畴之内，也许“它”来自黑暗的下水道或海洋深处，也许“它”来自地球之外，通过坠落的陨石来到地球，早在人类出现之前，就蛰伏在陆地的某个黑暗遥远的角落，等待着人类的到来。

人类对于“它”是完全未知的，唯一确定的是，“它”代表了人类一切罪恶的集合体，是一切人性恶的体现。那么，书中的七个小伙伴是通过什么方式战胜了这个强大的恶魔呢？斯蒂芬·金在书中给出了答案：战胜“它”的，其实是这群孩子的信念。这些信念包括勇敢、坚定、信任，相信友谊和爱情，相信勇气是存在的，相信自己不是窝囊废的真切信念。

在小说的结尾，斯蒂芬·金写道：

> 当小孩很好，但当大人也不错，能思索童年的奥秘……思索童年的信念与渴望。……童年自有其甜蜜之谜，突显了死亡的真实，进而界定了勇气与爱。每当威廉清晨从梦中醒来，几乎就要想起童年，想起和他共度童年的朋友时，他就会想起这些。

读斯蒂芬·金的小说，能够感受到一种罕见的真挚，这是好的小说家才会有的品质。这种真挚甚至可以穿透纸张、穿透时代、穿透恐惧，被完整地保存下来。也许在斯蒂芬·金看来，当我们用这些近乎纯真的信念揭去所有可怕的面纱之后，人类的心灵便没有不能接受的恐怖了。

《大唐狄公案》

狄仁杰和他的时代，为什么被频繁书写

对于西方人来说，狄仁杰是一个完全陌生的人物，因此作者高罗佩并没有像中国传统文学作品中那样，把他写成一个青天大老爷式的脸谱化人物，而是尽量增加了人物性格细节，让整个角色更加立体，更富有人性。

有一种文学类型，虽然诞生的时间比较晚，但从它诞生的那一天开始，就得到了全世界千万读者的狂热追捧，直到21世纪的今天仍然经久不息，长盛不衰，这种文学类型就是推理文学，也就是我们常说的侦探小说。

侦探小说有多受欢迎呢？我们可以先来看一组数字：据统计，侦探小说在欧美国家的图书销售总量中占到了15%到25%（是所有图书，而不单是文学类图书）；而英国女作家阿加莎·克里斯蒂的小说在全世界范围内已经卖出了二十多亿册，创造了20世纪的吉尼斯世界纪录；更不用说柯南·道尔笔下的福尔摩斯，这一角色早已成了“侦探”的代名词，至今欧美仍有大量的影视作品是以这位大名鼎鼎的神探为原型创作的。

从20世纪80年代至今，国内也引进了许多的外国推理文学，加上各种改编自推理文学的电影和电视剧，大家肯定对侦探小说这种题材早就耳熟能详了。但是，很多中国读者可能不知道，在欧洲和西方世界，有一位中国的“名侦探”也曾风靡一时、广受追捧，很多西方读者甚至直接把他称为“中国的福尔摩斯”。

而这位中国的福尔摩斯并不完全是虚构的，他是一个真实存在的历史人物——中国唐朝的著名政治家，狄仁杰。而关于狄仁杰，最著名的作品大概就是《大唐狄公案》了。

这部《大唐狄公案》可以说是一部相当不平凡的作品，这种不平凡体现在以下三点：

首先，从体裁上看，这本书参考了中国明清时期非常流行的一种文学类型——公案小说，但它扬长避短，吸收了公案小说的优点，和推理/侦探小说结合，成为一部别具特色的，和中国有关的侦探小说。

其次，这部小说的作者高罗佩是个极具传奇色彩的人。如果不了解这个作者，光听名字一定会以为他是个中国人，实际上高罗佩是个荷兰人，而他的一生却和东方世界紧紧联系在一起。

高罗佩1910年在荷兰出生，他的父亲当时是一名荷兰驻印度尼西亚的军官，所以高罗佩的童年是在印尼度过的。接着他回到荷兰上学，但亚洲的生活经历给高罗佩心里埋下了一颗东方文化的种子。进入学生时代，高罗佩更加痴迷东方文化，他很有语言天赋，曾系统学习过中文、日文、梵文、印第安语，一共会十五种语言，并且对亚洲各国的历史、文化和社会生活都表现出了极大的兴趣。十五岁的时候，高罗佩就进入了荷兰外交部开始工作，先后在日本东京、中国重庆、美国华盛顿和荷兰海牙担任外交工作，一直到他去世。

这期间，除了担任外交官，高罗佩在学术领域、文化艺术领域以及文学翻译和创作方面都有相当令人惊叹的成就。他写了四本学术著作，翻译了很多部中国古代小说，其中就包括清朝作者撰写的《狄公案》。

在艺术方面，高罗佩也是琴棋书画样样精通。但学术著作和翻译作品的传播范围毕竟有限，最终令他一举成名的便是《大唐狄公案》系列小说。这部作品一经出版，就立即在西方世界引起巨大反响。通过一个个扣人心弦的推理故事，高罗佩不仅让世界各地的读者了解到中国古代文学的魅力，也让狄仁杰这个他非常喜爱的历史人物，成了西方人眼中的“中国福尔摩斯”。所以，导演徐克曾经说：“狄仁杰和李小龙一样，的确是国际名流。”

最后，故事的主人公狄仁杰也是个不平凡的存在。狄仁杰作为一个真实存在的历史人物，其本身的经历就充满传奇色彩。在中国古代的权力金字塔中，狄仁杰的政治生涯始于最底层的地方县令，他凭借出众的才华和优异的政绩，一路平步青云，成为唐朝宰相。随后，狄仁杰经历了政治生涯中的一次大起大落，被贬为地方官，接着在武则天主政时期再次被起用，对唐王朝的统治做出了突出贡献。

在后世的眼中，狄仁杰可以说是一个中国官员和儒家士大夫身份完美结合的典范。这样一个不平凡的人物，本身就有很多值得讲述的故事，后来的人又不停地往他身上堆积故事，赋予他更多的魅力。

《大唐狄公案》既是公案小说，又是推理小说，但这两者毕竟是有一定区别的。

中国传统公案小说起源于宋朝，小说的主角通常都是县令，实际上这一个官职担任着侦探和法官的双重角色，既要查，也要审和判。公案小说最早的传播途径并不是书面传播，而是口头传播。也就是说，公案小说来源于一种口语叙事传统，起初是说书人的“手艺”。到了明清时期，印刷品普及之后，才逐渐演变为一种通俗小说的形式。

《大唐狄公案》的作者高罗佩就是一位公案小说迷，他不仅爱看公案小说，还把中国的公案小说翻译成英文。例如中国清代的六十四回公案小说《狄公案》就曾被他翻译成英文，推广到西方世界。这本小说的作者不详，也有人说作者是清代作家吴趼人，也就是《二十年目睹之怪现状》的作者。

高罗佩生活的时代，正是中西文化不断碰撞、交融的年代。此时的中国，白话文运动兴起，在胡适、鲁迅、蔡元培等中国知识分子的倡导下，通俗文学得到了很大的复兴。同时，一些学者也将国外的优秀作品翻译成中文，传播到中国，让文学更加大众化。高罗佩所想做的事情，刚好和胡适这些人的目的相同，但方向相反，他是把中国的文学作品翻译成英文，传播给西方读者。

在这个过程中，高罗佩发现公案小说是一个很好的选择。首先，它的形式与在西方广受欢迎的侦探小说非常相近，描写的都是关于谋杀、暴力、犯罪等非常猎奇、吸引人的内容。其次，西方的一些侦探小说中，也常常出现有关中国的情节，西方读者对中国这个遥远的神秘国度兴趣十足。

但是高罗佩又发现，中国的公案小说有很多缺点，以《狄公案》为例，在每个案子开始时就交代犯罪动机和犯罪过程，等于提前剧透了，缺乏悬疑感；在破案过程中总有超自然力量的介入；还涉及大量关于人情、伦理和时势的议论，难免乏味。中国公案小说虽然属于通俗文学，但就算直接翻译成英文，很多西方人由于知识文化背景差异太大，也看得云里雾里，一知半解。

但正是这本小说泥沙俱下、良莠并存的特点，激发了高罗佩旺盛的创作欲望。于是，他做出了一个非常有挑战性，但又非常合理的决定——用英文来写一部公案小说。

高罗佩虽然是西方人，但又可称“中国通”，这是他小说创作过程中一个很大的优势。他从中国历朝历代丰富的公案小说中提取素材和灵感，借用了一些故事背景和人物情节，并把他最喜欢的中国古代政治家狄仁杰作为主角，以此为基础进行再创作。

在写作《大唐狄公案》的过程中，高罗佩尽可能地保留了中国传统公案小说的写作风格和特点。比如，在一个故事中同时出现三个或三个以上的案件，主人公狄仁杰不得不同时面对这三个或彼此关联，或毫无关系的复杂案件。这就是公案小说中经常出现的叙事结构。

同时，高罗佩也参考了西方推理文学的创作思路，并在结构方面做出了一个重大调整——将揭露犯罪真相、审判凶手的情节放在故事的结尾。在《大唐狄公案》这部小说中，大部分故事都遵循了“发现犯罪——寻找线索——接近真相——揭露犯罪”这样一套叙述模式。

高罗佩自己曾非常谦虚地说，他采取的写作方式是站在中国古代作家的肩膀上的，如果他的书有什么优点，都应该归功于创作这些故事原型的中国古代作家，而一切缺点都应该算在他本人身上。

然而我们不得不说，高罗佩的这部《大唐狄公案》确实是一部非常有价值的作品。它的价值不单体现在文学艺术这个领域，更多体现在文化传播这个方向上。在小说中，高罗佩并没有以一种学术的、宏观的眼光来审视中国，而是从一种微观的、细节的层面入手，去描绘中国古代日常生活的方方面面，小到人们的生活习惯、吃穿用度、市井生活，大到政治制度、自然地理、宗教文化。这些内容在高罗佩的笔下都得到了非常全面和精彩的体现。

这些故事都有一个鲜明的意象，比传统公案小说的文学性更强，也有更多的诗意。为什么会有这样的特点呢？这要从高罗佩的一个爱好说起。

作为远东外交官，他有很多兴趣爱好，除了琴棋书画这些中国传统艺术，他还有一个爱好：收藏。像中国很多文人一样，高罗佩收藏了很多古书、字画、文玩、乐器等，并以学者和鉴赏家的态度仔细研究过这些收藏品。这种对中国文化微观层面的强烈好奇心，也延续到了他的小说创作中。

《大唐狄公案》这部小说由二十四个彼此独立，但又相互串联的故事组成，几乎在每个故事中都有一个非常关键的物品。通常都是故事中一个非常关键的道具和线索，其本身也构成了一个神秘的意象。

这个物品可能是某种珠宝首饰，如玉珠串、红宝石等；可能是某种古代日常用品，如屏风、瓷器、毛笔、算盘、书画等；可能是某种中国特有的兵器，如宝剑、飞刀、暗器等；可能是某些能引起人们好奇和遐想的物品或场景，如铜钟、黄金、棺材、迷宫、寺院、道观、松林等；也有可能是某种古老的歌谣。

这些具体的意象和场景，有两个非常重要的作用：一方面，这些物件和地点有其实际的功用，与案情发展紧密相关，所以直接被用作小说的标题，或者是在文章中反复出现，串联起整个剧情；另一方面我们可以看出，这些意象都非常具有“中国特色”，对西方人来讲，有一种独特的神秘感和新鲜感。高罗佩用这些事物营造出一种神秘、迷离、怀旧、悲哀的气氛，也描画出一个在时间、空间共同作用下，变得奥妙无穷、氤氲混沌的古老中国。

这种对意象的痴迷和导演徐克不谋而合，他的奇幻世界就是用类似的方法搭建起来的。《蝶变》里的杀人蝴蝶和铠甲已经露出端倪，在《新蜀山剑侠传》《青蛇》《刀》《黑侠》《深海寻人》里，贯穿始终的也是这种艳异的形象，或人或物或境。

所以徐克的“狄仁杰”系列电影以高罗佩的小说为灵感来源，每一部也都有一个特别鲜明的意象，由这个意象延伸出种种悬疑情节，制造出丰富多彩的视觉奇观。如《狄仁杰之通天帝国》里，有六十六丈的通天浮屠、出其不意的兵器、赤焰金龟、阴暗的“鬼市”；《狄仁杰之神都龙王》再进一步，水中魅影、鲲神驹、毒花，以及蝙蝠岛、睿姬阁、战舰……这些华美的、不可思议的人与物，构造出一个深邃潋滟的古代中国。

除了这些具体的场景和意象，《大唐狄公案》中另一部分非常有意思的内容，就是对于中国古代日常生活和社会风貌细节的理解和描绘。

这其中有法律制度方面的细节描写。比如，在中国古代的法律条文中有一条基本原则，除非嫌犯自己招供所犯下的罪行，否则官员是不能宣判他有罪的。而为了防止罪犯在铁证如山的状况下仍不认罪，从而想要逃避刑罚的状况出现，法律允许对犯人施加各种严酷残忍的刑讯逼供。但反过来，如果嫌犯因为逼供而受到严重伤害甚至死亡，那么官府也要受到处罚，官员也可能失去官职，因此大多数官员都是避免用刑的。这在《大唐狄公案》的许多故事中有非常充分的体现。这种细节有真实的成分，也带有高罗佩的个人理解，是中西方文化互相观照的结果，很有价值。

其次，书中还有关于当时社会价值观念的描写。书中的狄仁杰被塑造成一个非常典型的儒士，因此对其他宗教思想都带有明显的厌恶和排斥，故事中的和尚、道士等角色通常都被塑造成奸诈、贪婪的坏人等不光彩的形象。这是公案小说和社会历史中既有的价值偏向，而非作者本人的认知，高罗佩只是在仿拟这种价值上的褒贬。

此外，中国古代一些非常典型的官方政策和人们的生活理念也在故事中有所体现，比如士农工商的阶层排位，婚丧嫁娶的礼仪习俗，崇敬祖先、供奉神灵等民间宗教生活等。

高罗佩选择了唐朝作为故事背景，也是有其内容安排方面的用意的。唐代时期的中国是一个多元的、民族大融合的国家，上至达官显贵，下至平民百姓，生活方式都非常“国际化”，社会生活非常开放，就像历史学家说的“唐人有胡气”，这种“胡气”可以理解为对一种外来的生活方式、文化气质的接纳和融汇。这就给他故事中的人物预留了很大的活动空间，可以铺设非常丰富的故事内容。

如果是放在其他朝代，这种情景就无法想象了。试想一下，如果是在社会风气非常闭塞，社会管控非常严格的年代，《大唐狄公案》中的很多故事就不能发生了，尤其是女性的社会活动空间、社会角色和功能就会大打折扣。值得一提的是,《大唐狄公案》中对于女性的刻画也让人印象非常深刻，很多女性角色在故事中都发挥了举足轻重的作用。作者对于古代的中国女性也几乎没有任何偏见，充满了怜爱之情。

《大唐狄公案》塑造了中国古代形形色色的人物，每个故事中出现的关键人物，少则四五个，多的时候甚至会有十多位人物同时登场，人物角色多样，人物关系复杂，整体算下来，至少有近百个人物。

从社会最底层的乞丐、强盗、妓女、土匪头子，到平民百姓、商人工匠、文人墨客、和尚道士、侠客隐士，以及官兵军人、地方县令、朝廷重臣……各种社会职业，各个社会阶层，无论男女老少，在小说中都得到展现。这些纷繁复杂的人物角色共同组成了整部小说的众生相，而他们所有的活动和故事都是紧紧围绕着狄仁杰这条主线展开的。

无论在真实历史中，还是在文学作品中，狄仁杰最初的，也是最重要的官职就是县令。在中国古代大一统的中央集权政治架构下，县令是最基层的角色，是朝廷管控社会的神经最末端。一个县令管理着一个县；县令的上级是刺史，管理大约二十个县；再往上是管理地方省份的督抚，督抚则直接向朝廷中央汇报工作。

县令在地方的职责相当广泛，赋税、土地、户籍、司法、地方治安、婚丧嫁娶等各个方面的工作，都需要他来负责。按照今天现代国家的政治制度来比较，除立法权之外，地方的行政权和司法权都掌握在县令手里，可以说责任和权力是相当之大的。县令的管理范围几乎延伸到了老百姓生活的方方面面，所以人们通常也把县令这个角色称为“父母官”。

一个县令在地方干满三年，就要被调任到另一个县继续任职，但是唯独不能调任到自己的家乡。所以在《大唐狄公案》中我们也可以发现，在几个故事之后，狄仁杰通常就会被调任到另一个县去任职，而另一个县的社会情况、风土人情有可能完全是另一番面貌，各种故事就在这种不断变化的过程中发生了。

在小说的后半部分，狄仁杰在县令的位置上已经侦破了许多疑难案件，因此名声远扬，被提拔为刺史，最后升迁为大理寺丞的官位（相当于国家最高法院院长），被民间视为清官神探，享有极高的声誉。

狄仁杰这个人物之所以厉害，总体来看，主要有以下三个方面的原因。

第一，狄仁杰懂得“明势立身”。明势，简单来讲，就是对时势有清晰冷静的判断和全面的认识，这是为官做事、推理断案的第一要务。此外，明势也可以理解为对自身优势和劣势的了解，善于利用自身优势化解劣势，对自身能力、权力和责任有透彻的了解。

而立身就更复杂了，有时候一个人光靠自身能力和才华是不够的，在面对一些特殊情况和处理关键问题时，也会站不稳脚跟，必须要依靠更多的能力。如何能够立身，用一句通俗的话讲：除了靠智商，还得有情商，要懂得通过巧妙地变通来达成自己的目标。只有在复杂的局势中站稳脚跟，才能发挥自己的优势。

第二，狄仁杰能够做到“识人善用”。在面对复杂的案情和状况时，单凭自己一个人的精力和时间是没法推进工作的。善于发掘人才，利用好自己身边信得过的人，发挥人性优势，才能更有效率地完成目标。

小说中的狄仁杰常常在一个故事中同时面对着三四起复杂的凶案，而他常常能够快速有效地调动身边有限的资源和人力来破解复杂的局面。用今天职场上非常流行的话说，狄仁杰是一个非常优秀的职业经理人，企业管理和行为主义的那一套现代学说，在他身上有着非常好的体现。

第三，狄仁杰之所以能够拿下那些狡猾险恶的凶犯，在于他非常善于运用“权术谋略”。在古代的律法中，除非嫌疑人自己招供，签字画押，否则即使掌握了再充分的证据，也没法让凶手伏法，即便刑讯逼供也无法达成目的。这也正是狄仁杰最厉害的地方，他身为县令，在公堂上拥有绝对强势的地位，但他没有一味地利用这种权威优势来压倒对方，而是恩威并施，充分利用心理战术，在关键时刻直击对方的痛点和要害；或是利用外围资源来旁敲侧击，诱使对方陷入进退两难的境地，最终露出把柄。

总的来说，狄仁杰确实是一位中国历史上难得一遇的人物。他传奇般的断案故事，是由中国古代的历史学家和文人墨客，以及像高罗佩这样的人共同塑造起来的。对于西方人来说，狄仁杰是一个完全陌生的人物，因此高罗佩并没有像中国传统文学作品中那样，把他写成一个青天大老爷式的脸谱化人物，而是尽量增加了许多人物性格细节，让狄仁杰看上去更加立体，更富有人性。

虽然在一些学者和评论家看来，高罗佩对中国的认识比较理想化，他的《大唐狄公案》也有一些明显的局限性和偏见，但它仍然对我们从某个侧面来认识中国古代社会，起到了很重要的作用。尤其是那种诗意的描写，更是丰富了中国古代的文化资源库。

与此同时，高罗佩的这部书也让一位中国的“神探”在世界范围内享有和“福尔摩斯”一样的文学地位和知名度。他给整个世界贡献了一个来自中国的大 IP，影响了人们看待中国人的眼光。单凭这一点，我们就要感谢那些创作了公案小说的古代文学家们，以及这位对中国文化带有虔诚敬意的荷兰作家。

《羊毛战记》

拿掉遮住眼睛的羊毛

“羊毛”明指清洗镜头的羊毛布，暗借西方谚语“蒙住眼睛的羊毛”，或许还指代古希腊的“金羊毛”传说，但“羊毛”存在的意义，是为了让一个又一个身处“地堡”中的人们看清真相，感应到彼此的存在。

我对《羊毛战记》的好奇，很大程度来自它的身世。曾经当过游艇船长、屋顶工匠、书店店员的休·豪伊在三十六岁时写下这部小说，借助亚马逊网的自助出版系统进行发表和销售，并创下惊人的销量。

故事发生在未来的一场巨大灾变之后，地球表面只剩下无边的沙丘，空气中尽是具有强腐蚀性的毒素，幸存的人类居住在巨大的地堡之中，地堡呈圆筒状，有一百四十四层，按照功用分为住宅区、育儿区、制衣区、水耕区、资讯区、机电区等，唯一的通道是一架螺旋楼梯。

地堡的首长是由选举产生的最高长官，但真正控制着地堡中生杀大权的却是资讯区，他们控制服务器、解释地堡的历史、监控所有人。所有的管理理念来自一本“指令”，它的基本原则是“思想是会传染的”，因此要对居民进行思想控制，手段包括“说服群众”“思想控制”“恐吓式教养”以及“人口控制”，地堡中的夫妇通过抽签获得生育权，晚婚一年，就意味着丧失了一次抽签权。

破坏地堡中的秩序是最严重的罪责，试图探究地堡历史的，试图质疑资讯区权威的，以及说“我要出去”的人，会被送出地堡去“清洗镜头”，然后因暴露在毒气中而死亡。所谓镜头，是从地堡伸到地面的摄像头，它们将地面的景象传回，供地堡居民观看。清洗镜头，只为让传回的画面更清晰。

每逢有人不慎成为镜头清洗人，地堡的节日就来了，居民们纷纷涌到大厅观看，纵酒狂欢，消费意愿也随之上升，地堡的经济会因为一个人的死亡得到短暂的提升，尽管更加清晰的镜头画面也不过是沙丘、狂风、天空，以及从前的人类废弃的高楼。

小说从保安官霍斯顿成为镜头清洗人开始，他的妻子在三年前被送出去，死在了沙丘上。她的死让他开始怀疑地堡的历史，从而产生了探究的欲望，最终使他步了妻子的后尘。夫妻俩付出了性命，却还是没能让这个疑团水落石出：为什么被送出去的人都会乖乖地清洗镜头？与此同时，地堡的老首长詹丝正打算提拔新的保安官，她和现任保安官马奈斯一起背着背包走下螺旋梯，去位于最底层的机电区，考察并任命女工茱丽叶。整个地堡的命运，在茱丽叶这里出现了转折点。

老首长詹丝为任命茱丽叶而进行的旅程，也占了大量篇幅。这趟漫长的旅行自然地展示出整个地堡的构架，呈现出作者的世界设定，也将地堡里各阶层居民的生活与矛盾一一铺陈开来。

引导读者进入本书设定的是詹丝和马奈斯两个老人，他们暗中倾慕许久，却始终没有表白，这趟旅程让他们的垂暮之感越来越强烈，也催化了他们的感情，尽管旅程是以詹丝的死亡作为结束，但他们的形象却深深烙在了读者心里。这些章节的节奏迟缓却细腻悠长，是整部书里最动人的部分。

休·豪伊也继承了“反乌托邦”文艺的理念，将小说主题定在控制和反控制上，描绘出一个民众的大脑被蒙蔽、思想被禁锢，言论与自由流动被限制的极端世界。管理者为了方便统治，不惜制造出一场灭绝性的灾变来恐吓人们，让人们像地老鼠一样生活在地下，仅仅作为“人种”而存在。为了持续这种状态，他们抹去历史，缔造出一套新的理念灌输给人们，让人们被自己的思维盲区蒙蔽。

书名《羊毛战记》中的“羊毛”正是由此而来，明指清洗镜头的羊毛布，暗借西方谚语“遮住眼睛的羊毛”(pull the wool over your eyes)，茱丽叶发现地堡的秘密后，深深意识到：

> 全地堡的人仿佛眼睛都被蒙住了，看不见真相。现在，她有一个办法可以把蒙住大家眼睛的羊毛拿掉。

还有一层意思，或许是来自古希腊的“金羊毛”传说：夺取王权的珀利阿斯为了转移侄子伊阿宋的注意力，让他去找金羊毛。事实上那只是一个虚假的承诺，是权术和计谋。地堡中的“清洗镜头”，就如同这样一个“金羊毛”。

单纯表现对设计和控制这个世界的人的厌恶似乎还不够，休·豪伊还用自己对底层劳动者的赞美来强化这种厌恶。茱丽叶出身中上层，却和医生父亲有隔阂，宁愿自己走到最底层去做一个机电区的工人（请想象出一个演员西格妮·韦弗和黛米·摩尔那样坚毅的女性形象），当居住在中上层的人们因为镜头被清洗，可以看见风景而狂欢的时候，她冷静地注意到：

> 地堡下层的人并没有感染到他们那种狂热。下面的人也是在做另一种“清洗”的工作，而那才是真正有意义的“清洗”，让地堡能够继续运作，让大家能够活下去。

有评论者认为《羊毛战记》之所以受到欢迎，正是因为它的连载方式，更接近“科幻小说的最初形式”。阅读或许还将存在，只为让一个又一个身处“地堡”中的人们拓宽视野，拿掉眼睛前面的羊毛，感应到彼此的存在。

《龙文身的女孩》

从纸上电影到电影

斯蒂格·拉森的原作几乎就是冲着电影改编去的，他的小说就是一部纸上电影。以电影的方式撰写小说，其画面感、节奏感都在提示读者，在阅读的同时在脑中自行组织一部电影，而过去的影像经验都会纷纷跳出来帮忙。

通常是“珠玉在前，瓦石难当”，但大卫·芬奇导演的《龙文身的女孩》很可能创造一个“珠玉在后”的范例，影片由丹尼尔·克雷格和鲁妮·玛拉主演，前者与角色贴合度极高，后者这位女演员可谓一匹黑马，她所出演的作品中最著名的一部是《社交网络》。

之所以对大卫·芬奇版产生期待，是因为由两位瑞典导演执导的“千禧年”三部曲（《龙文身的女孩》《玩火的女孩》《直捣蜂窝的女孩》，2009 年上映）太老实了，和斯蒂格·拉森的小说原作几乎是亦步亦趋，这种影像化少了余味，也少了意外。当然这不能怪那些影人，因为斯蒂格·拉森的原作几乎就是冲着电影改编去的，他的小说就是一部纸上电影。

“千禧年”系列的作者斯蒂格·拉森是个标准的传媒人，他曾任职于瑞典中央新闻通讯社，并从事反法西斯主义的活动，1995 年他创办了 Expo 基金会，于 1999 年开始担任基金会同名杂志的主编。

斯蒂格·拉森生于1954年，母亲是当地议员，这种家庭气氛下成长起来的拉森是个标准的“公众人”，他反越战、当记者、创办极左杂志，不过他在小说领域的志向显然是做一个通俗小说家，而通俗小说家的成功之作往往出现在四十岁以后——此时的人生积累才经得起紧张情节的消耗。

2001年，他开始创作“千禧年”系列小说，三年完成了三部曲，他却因心脏病突发而辞世，甚至没能看见首部曲的出版。这个系列一出版就风靡欧洲和美国，截至2010年3月已经卖了两千七百万册，拉森成为2010年度全球第二畅销的作家，仅次于《追风筝的人》的作者卡勒德·胡赛尼。

他原本想凭借这套书赚上四十万欧元，但结果完全超出他预期，只是他没能花到这笔钱，而且还让自己的同居女友、父亲和兄弟反目，开始了遗产争夺战。

斯蒂格·拉森非常精明。虽然他的履历上有“新闻记者”“反法西斯主义”“遭受死亡恐吓和威胁”等关键词，“硬汉”二字几乎呼之欲出，但一旦进入畅销书作家的角色，斯蒂格·拉森却毫无刚愎自用之心，他精心分析了文艺消费品市场，认清了一件多数文艺创作者始终没弄清楚的事——这个市场的消费者，大部分是女性。所以，“千禧年”小说三部曲立场坚定地将女性读者确定为争取对象。

《龙文身的女孩》虽然是作者的处女作，却熟极而流，它披挂着犯罪小说外衣，融汇了多种通俗小说的情节取向，几乎每个情节设定都让人想起那些经典的通俗小说。

主人公布隆维斯特是《千禧年》杂志（基本就是以 Expo 杂志为原型）的撰稿人，他经过长期调查后撰写了长篇报道，意图揭发超级富豪温纳斯壮的不法行为，却没想到其中的某个消息来源是个陷阱，他由此惹上官司，杂志的销量也一落千丈。

正在此时，大企业家亨利·范耶尔却找上门来，重金聘请他去调查四十年前的一桩悬案：四十年前的某天，在范耶尔家族居住的赫德比岛上，亨利·范耶尔最喜欢的侄女海莉，在整个岛处于封闭状态的情况下神秘失踪了。布隆维斯特与顶级骇客丽莎贝丝·莎兰德合作，终于将这个家族最深最黑的秘密挖掘出来。

这部小说里有冒险/侦探小说的常见套路，失落的调查人（前警探或者记者），神秘的委托人（他们总是在主人公最潦倒的时候出现），年代久远的案件（为小说蒙上一种悠远的色彩），以及与死亡和性有关的最后谜底（让犯罪动机涂上魅艳的色彩），另外主角和合作者的初次见面往往都不愉快，这种不和却在后面的共同工作中慢慢化解。

这些套路在古典侦探小说中就已屡见不鲜，但斯蒂格·拉森打碎并重新组织这些套路，使之有了新意；为了让小说更具当下生活的气息，斯蒂格·拉森又加入摇滚乐、朋克装扮、女同性恋、黑客群体等元素，使之更显锐利。

当然，作为一名男性记者，斯蒂格·拉森始终对社会问题有着高度的关注，第一部的故事始终有政治的暗影，两次世界大战给欧洲留下的创伤一直藏在故事的缝隙里，而第二部、第三部甚至越来越像政治惊悚小说，但小说的主线却始终围绕丽莎贝丝·莎兰德，她的命运、她所遭受的侵害、她的大获全胜。

三部小说里的受害者也多半是女性，不论是富豪之女，抑或来自东欧的偷渡者，在男性的世界里她们总是处在下风。于是，“千禧年”三部曲更像是为“国际消除对妇女暴力日”量身定做，小说每一章前都有这样的引语：“瑞典有46%的女性曾遭男人暴力对待”“瑞典有13%的女性曾遭性伴侣之外的人严重性侵害”等。

小说还恰如其分地设置了意淫成分，比如丽莎贝丝·莎兰德的顶级黑客身份可以让她轻易获得财富，而且她的身世黑暗、经历坎坷，性格、相貌都很有争议，尤其是她的相貌，她不美、平胸、装扮怪异，像一个朋克版的金三顺，因此她的破茧而出也更显扬眉吐气。

所有这些都决定了原著的读者会顺利地过渡成为电影观众。而小说的框架、场景也都适合电影的节奏，主题、形象、阴郁气氛一应俱全，甚至选好了植入广告（小说里提到大量品牌，从电脑软件、汽车到手机），只等一个导演抡起炒勺。

以电影的方式（而非剧本的方式）撰写的小说，对读者来说是个礼物，它的画面感、节奏感都在提示读者可以在阅读的同时自行在脑中组织一部电影，而过去的影像经验也都纷纷跳出来帮忙。但对电影人来说，这种小说是个陷阱——已经有一部纸上电影摆在那里了，影像化的结果会很难跳出小说的五指山。当然，这种陷阱也让电影人跳得心安理得——要贴近原著是最适当的借口。

瑞典版的“千禧年”三部曲电影就跳进了这个陷阱。这个系列的导演之一是丹麦导演涅尔斯·阿登·欧普勒夫，他生于1961年，此前的主要作品是一部极为精彩的反恐题材电视连续剧，而且是少见的欧洲反恐题材；随后他拍摄了电影《我们必胜》，描述一个生活在1969年的少年，在马丁·路德·金演讲的感召下和学校暴行作对抗，这部电影获得2006年柏林电影节最佳影片奖。2008年，他拍摄了另一部重要作品《两个世界》，讲述宗教差异对人们生活的影响。

正是因为他的年龄和电影经历，他成为万众瞩目的“千禧年”三部曲改编电影第一部的导演，但现在看来，电影只是照搬了小说的情节、框架和细节，电影中的所有元素都和原著没什么两样，很少有导演的个人发挥。

这固然是因为原作已经为电影提供了足够的材料，也是因为这类电影的最重要观众是原著的书迷，他们更希望原封不动，在这种情况下进行大的改动是冒险之举。想想《达·芬奇密码》

拍摄和上映阶段原著读者的愤怒声讨，任何导演恐怕都会望而却步。由导演丹尼尔·阿福瑞德森接棒执导的第二部《玩火的女孩》和第三部《直捣蜂窝的女孩》，在这点上也没有大的改观，电影基本是老实地跟在小说后面。迈克尔·恩奎斯特和劳米·拉佩斯扮演的男女主角，造型和原著中完全吻合，表演不过不失，个性不过分强烈，角色魅力也没到让人不安的程度。

大卫·芬奇的改编让人期待的原因就在这里，非得是这种大腕导演才能压住过分强大的原作，并有适当的溢出——那条雪后林荫道很可能就是这种尝试——而瑞典版最让人感觉失落之处，是它没能恰当地呈现出一种北欧气氛，像《神秘失踪》《失眠症》《生人勿进》中所呈现出的那样，可能北欧人对自己生活的环境熟视无睹，甚至有一种想要挣脱的愿望，而这种环境的气质在一个异乡人的眼中反而特别明显。

阅读衰微的年代，类似于“千禧年”三部曲这种预先就考虑到了影像化，甚至专为电影写作的小说可能会越来越多。在阅读这类小说的过程中，就已经有一部声色俱全的电影因我们的观影经验而出现，文字和那部虚拟电影搅拌着，一刻也不会让我们的脑子休息。

《邮差总按两遍铃》

一点黑，一点硬，和一点命运

冷硬的文字、简洁的叙事，“黑色小说”惯有的克制文风仿佛在告诉读者：命运就像邮差的铃声，通常要来两次，一计不成，又生一计，务必要把主人公推向绝境，即便第一次侥幸逃生，也绝对逃不过第二击。

众所周知，是1927年的一桩谋杀亲夫案催生了詹姆斯·M.凯恩的小说《邮差总按两遍铃》和后来的《双重赔偿》。

真实案例中的当代潘金莲，是一个有着“斯堪的纳维亚式冰冷眼神”的三十一岁金发美女，她与情夫同谋杀害亲夫，打算获取保险赔偿，事败后她坐上电椅的大幅照片登上了《纽约每日新闻》。

在詹姆斯·M.凯恩的小说《邮差总按两遍铃》里，以上元素一点都不缺，性、金钱、谋杀，都被悉心搬运。当然，作为20世纪百佳英文小说的《邮差总按两遍铃》，要比那桩案件多一点东西：命运。男女主人公侥幸逃脱法律制裁，却败给命运之手。这点多余的滋味使得这篇作品跃出同类小说，至今被人挂念。

小说以第一人称进行叙述，讲故事的人是情夫弗兰克，他“浑身上下都很结实，又高又大，非常结实，头发还是淡色的”，未必有多么出色，但已足以让一个小餐馆的老板娘有了摆脱油腻丈夫的理由。老板娘叫科拉，她的杀夫计划几乎是闪现出来——又或许这个计划在她心中已经盘旋许久，她主动施展魅功，在第二章的末尾（两章加起来不过四千字），已经和弗兰克结下血盟，她的自我开脱非常简单：“我可不是第一个为了摆脱困境而成为泼妇的女人。”

狗男女谋害丈夫的故事，古往今来并不鲜见。让《邮差总按两遍铃》脱颖而出的因素，并非故事上的奇巧，而是文字上的冷硬、叙事的简洁，这是海明威、雷蒙德·钱德勒、雷蒙德·卡佛、劳伦斯·布洛克这个文学支流的统一追求。

如果文字也有脸，这个文学支流的脸谱群落就像面瘫的北野武一样，很多表情、喜怒都不外露，这种文字风格用在任何故事上，都像是给文字镶了一个黑框，郑重而凝滞。成就《邮差总按两遍铃》的，正是这种极为克制的文风。

何况，《邮差总按两遍铃》有着命运迷局和不动声色的感喟。小说里并没有出现过一个邮差，而后世对于“邮差”和“门铃”为什么会出现在书名里有多种解释，但最终的指向都是——命运。

命运就像邮差的铃声，通常要来两次，一计不成，又生一计，务必要把主人公推向绝境，即便第一次侥幸逃生，也绝对逃不过第二击。不过，在我看来，“黑色小说”（以及“黑色电影”）里那些使得主人公溃不成军的都是微小的契机，比如铃声、一块打碎的手表，这些微小的干扰是一种来自日常生活的力量，犹如《麦克白》里的敲门声让主人公回到原来的轨道上接受惩罚。与“黑色小说”、“黑色电影”有着千丝万缕关系的《美国往事》和《穆赫兰道》中，那漫长的电话铃声都有相近的寓意和功能。

采用这种方式写作的作家通常都是记者出身，詹姆斯·M.凯恩也是如此。他生于1892年，父亲是大学教授，他是家中五个孩子里的老大。他早年想成为歌手，但最终选择了学业，研究生毕业之后，他被卷入“一战”的洪流，入伍后成为部队报纸的编辑。“一战”结束之后，他进入《巴尔的摩美国人报》工作，后来还在大学教授过新闻学，是李普曼主持的《纽约世界报》专栏作家。

大萧条时期，詹姆斯·M.凯恩迁居好莱坞，为好莱坞写过一些剧本，但他出身学院，和也曾在好莱坞工作过的威廉·福克纳、雷蒙德·钱德勒一样，对名利场有点抵触，早期的一些剧本都不成功。1930年，《我们的政府》和随后的短篇小说《田园曲》让他成为知名作家，但真正让他成为畅销书作家的是1933年的《邮差总按两遍铃》。

詹姆斯·M.凯恩后来又搬回他的出生地马里兰州，在那里和第四任妻子生活多年，直到1977年去世。他后来又写过很多小说，但成就都未能超越《邮差总按两遍铃》。

《邮差总按两遍铃》的贡献不只在文学领域，1946年由小说改编的同名电影成为好莱坞“黑色电影”黄金时期的扛鼎之作，“黑色小说”的文字风格顺理成章地进入了影像领域，“黑色电影”拥有黑而硬的故事，阴森干燥的讲述方式，以及令人绝望的人际关系。

“黑色电影”的经典人物——蛇蝎美女，或许就是由《邮差总按两遍铃》奠定了形象轮廓，蛇蝎美女们都和科拉一样心狠手辣，常用身体为武器，鼓动偶然闯上门来的莽汉为她杀人放火，她们还拥有一个特征——经常是黑发，表情阴郁神秘。科拉就是黑发，而且“实在算不了一个绝色的美人儿，不过她那种阴沉的神态和嘴唇向外噘着的样子，使我真想把她噘起的嘴唇推进去”。

更重要的是，作为典型人物的“蛇蝎美女”有一条隐蔽的法则：她必须是来历不明的，身世和情感都含混不清。这一切为的是阻止观众对她产生了解与共情。《邮差总按两遍铃》以及《双重赔偿》中的女性人物都是如此，她们性格扁平，没有过去，没有心理活动，小说也绝不探讨她们的行事动机。

“黑发女人”现已成为好莱坞电影中的标志性形象，许多推动男性作恶的女性反角通常都拥有一头齐眉黑发，多年后的大卫·林奇的电影《妖夜慌踪》都还在戏仿这个传统。而所有这些“黑发女人”的老祖母、老前辈，或许就是《邮差总按两遍铃》里的科拉。

后记 故事照亮生命

多年前，我在一所中学念书，学校建在荒山下，学校背后的荒山绵延无尽，站在山头，常常生出宇宙洪荒般的感触来。

无师自通地，我们学会用一种方法来抵抗那种荒凉感——给荒山加上很多想象、很多传说，发生在古代的战争、深山里的外星人基地、未知城市，在同学们的传说中渐渐完善起来。在传说里，早先毕业的同学曾经看到过不明飞行物，在深夜时分看到山后有奇异的光芒，至于山洞里的宝藏、凶案，更是经常出现的传说种类。传说越丰富，荒山给我们的压迫感越弱，在我们离开那里时，那座山的每个山头、每个山洞都有了名字，拥有了属于自己的故事，荒山变成了老熟人，不再像从前那样庞大而凶悍。而这些由我们创造的故事还将流传下去，汇入新生的故事里，帮助他们抵御黑夜、抵抗荒凉。

在我们的语境里，“故事”正在变成庸俗的词，“故事”意味着低俗的消遣，或者意味着说教。“故事”是一种工具，商人用来牟利，企业用来包裹企业精神，“故事”的真正伟大之处和最初始的意义渐渐被掩埋了——那是一种独属于人类的能力，我们用自己的体验，给所有可知不可知的事物加上想象、打上柔光，那些事物因此变成了镜子，处处映照出人性之光，它本身的坚硬、无情因此被忽略。“故事”说明了人的存在感，以及一代代人积累下的记忆、情感的存在感。

本雅明在《讲故事的人》里说，“讲故事的技艺”正在消亡，通过“故事”分享经验的能力正在消失，他指出了“故事”真正的意义：分享体验、传递经验，而不仅仅意味着某种讲述艺术。不过，另一个写作者安妮特·西蒙斯（她在咨询公司供职，还是演说家，你懂的）在她的《故事赢家》里又说，讲故事的传统正在复兴，讲故事对沟通、激励有正面作用，有助于人们消除孤独感，“讲故事”和“听故事”的需求无处不在，或许是在演讲时，或许是在写微博时，或许是在说服客户时，甚至是在向上司请假时，你都需要整理思绪，有实有虚地进行讲述。“讲述”是整理生活的最好方法。

而“故事”或“讲述”的根本燃料，是想象力。这是独属于人的能力。

有段时间我特别不耐烦那些动物、山川、天空、星座的传说，认为那不过是自作多情，掩盖了自然冷酷无情的本质。但如果没有这些传说，星球一开始就是以充满坑洞、在漆黑的宇宙里缓缓漂浮的岩石形象出现在我们面前，那将是一件异常恐怖的事。我们得把自己的目光投向四周，投向宇宙，给它们加上故事，加上传说。一旦有了故事，它们似乎就属于我们，似乎曾经被我们抵达，生存的荒谬感就被压制下去了。所以，《少年 Pi 的奇幻漂流》的开头说：“这个故事可以让你相信上帝。”评论家则认为它是一个“关于人类在宇宙中的位置的寓言”。

在无边的重洋里，孤舟上的少年，将可怖的现实变成了一个可以被人接受的故事，支撑着自己的半条命。而我们行走荒莽世界，给每座山、每条河流命名，编出传说，修路铺桥，为的是将漠然的星球变成一个可以被我们接受的故事。

这是种荒谬的努力，却是此时此刻我们唯一能做的努力：用故事照出尺寸之光，在这个脆弱的气泡里生存，并且柔润地生存。